U0817927

裴亚洲 著

上市公司员工持股计划法律机制研究

以中美制度比较为视角

SHANGSHI GONGSI

YUANGONG

CHIGU JIHUA

FALV JIZHI YANJIU

上海人民出版社

目录 / Contents

导　论

一、选题背景和意义

近年的中国股市让股民失望，让监管者焦虑。股指长期低迷、股民大面积亏损、造假上市、高管套现等弊病集中爆发。中国股市又一次来到改革的重要关口。为提振股市，中国证监会以制度建设为中心，发布了一系列的新制度、新政策，其中比较重要的一项就是要在上市公司制度建设中引进“员工持股计划”。2012 年 8 月 5 日证监会颁布《上市公司员工持股计划管理暂行办法》(征求意见稿)，意图在上市公司中推行员工持股计划。经过近两年的意见征求和试点建设，2014 年 6 月证监会正式发布了《关于上市公司实施员工持股计划试点的指导意见》，该指导意见发布之后，上市公司实施员工持股计划的热情不断高涨。截至 2017 年 2 月，已经有六百多家上市公司实施了员工持股计划。

员工持股计划将会对社会、上市公司、员工个人产生积极意义。从社会角度来讲，首先，有利于社会收入分配形式的优化，通过实施员工持股计划，公司员工的社会收入结构将由劳动主导转向劳动、资本相结合的多元化方式；其次，员工持股计划可作为政府养老政策的补充，与其他政策结合使用，实施员工持股计划可以降低政府未来在养老金支出方面的压力；第三，在一定程度上加强员工未来生活保障，有利于维护社会稳定；第四，有利于上市公司自身调整优化，只有相对较为优秀的上市公司，其员工才有参加持股计划的动力。上市公司实施员工持股计划，可以引导更多社会资本更有效地进入资本市场，支持有潜力的企业获得更大的发展机会。从上市公司角度来讲，首先，实施上市公司员工持股计划可以优化公司治理结构，公司股权结构中增加了一股特殊的力量，这部分员工股东对上市公司治理的积极性将明显高于一般股东且具有监督、督促经营层工作的自然优势；其次，可以提升公司劳动效率，员工身份的转变有利于员工积极性的更好发挥；第三，可以稳定公司人才队伍，股权类的长期激励会提高员工因短期收入的影响而离开公司的成本，有利于员工队伍的稳定。此外，员工持股计划对上市公司的好处还体现在员工考核、市值管理、资金融入等方面。从个人角度来讲，员工持股计划会成为参加计划的员工获得财产性收入的重要方式，进而促使员工个人资产配置更加多元化，员工个人资产抵御风险的能力会得到提升。同时，员工身份的转变，也有利于其作为上市公司股东行使相应的知情权、监督权。

证监会把员工持股计划看作证券市场的基础性制度之一，并赋予其五大功能：第一，让员工成为上市公司股东，分享公司发展的成果，激发员工的创造精神，提高员工的劳动干劲和热情。第二，实现劳动者与所有者风险共担、利益共享机制，挖掘公司内部成长的原动力，从而提高公司对职工的凝聚力和公司自身的市场竞争力。第三，员工持股计划在一定程度上改善了上市公司的股东结构，员工以股东身份参与公司的日常管理，有利于改善公司治理水平。第四，通过实施员工持股计划，促使社会资金通过资本市场实现优化配置，将有助于提高资本市场服务实体经济的效能，促进国民经济的稳定健康发展。第五，为上市公司提供新的市值管理工具，有利于上市公司更好地开展市值管理工作。①

员工持股在我国不是一个新事物。20 世纪 80 年代和 90 年代，中国曾经出现过两次企业员工持股热。特别是 20 世纪 90 年代出现的以上市为目的的员工持股热，对社会经济影响较大。但由于当时制度的不完善，企业员工持股在实践中暴露了较多的问题。主要表现在：第一，市场没有透明度。一些非本企业职工夹杂在职工名单中，作弊持有股票，"内部股公众化、法人股个人化，甚至成为滋生腐败的一个源头"（王保树，2001）；第二，缺少中介机构参加。造成了国有资产和集体资产的流失。第三，股票发行价格高。导致一部分人为了利益，冒风险钻空子。因为缺乏解决这些问题的条件和对策，当时的证监会采取了"一刀切"的政策，关闭了员工持股的公司的上市渠道。经过多年的发展，我国的股票市场无论在经济环境，还是在法律环境方面都有了较大的进步，使得重提上市公司员工持股制度具备了必要的外部环境。

---

① 《上市公司员工持股计划管理暂行办法征求意见稿的起草说明》和《制定并发布〈关于上市公司实施员工持股计划试点的指导意见〉新闻稿》，证监会网站，http://www.csrc.gov.cn 访问日期：2017 年 5 月 11 日。

从宏观社会和经济背景来看，改革开放以来，国家实行效率为先、兼顾公平的政策，鼓励一部分人先富起来，极大地激发了国民创造财富的热情，使得国民经济大发展。经济大发展的同时，社会贫富分化现象日益严重。2010 年，中国家庭收入的基尼系数高达 0.61，相比全球 0.44 的平均水平，明显处于高位。[①] 为解决社会财富分配不均、贫富分化严重的问题，从 20 世纪 90 年代以来，党中央、国务院明确提出了收入分配中应包括财产性收入。党的十七大明确提出，要创造条件让更多群众拥有财产性收入。党的十八大报告提出“千方百计增加居民收入，实现发展成果由人民共享”，“完善劳动、资本、技术、管理等要素按贡献参与分配的初次分配机制”，“多渠道增加居民财产性收入”。[②] 员工持股计划就是完善按要素分配机制和增加居民财产性收入的具体措施。因此，推行上市公司员工持股计划不是单纯的“救市”行为，而是在新形势下增加居民财产性收入和完善收入分配原则的具体举措。2013 年 11 月，中共中央十八届三中全会《关于全面深化改革若干重大问题的决定》提出“积极发展混合所有制经济”，“允许混合所有制经济实行企业员工持股，形成资本所有者和劳动者利益共同体”。2014 年 5 月，国务院《关于进一步促进资本市场健康发展的若干意见》提出，“完善上市公司股权激励制度，允许上市公司按规定通过多种形式开展员工持股计划”。2014 年 6 月，证监会发布《关于上市公司实施员工持股计划的试点指导意

① 《新京报》2012 年 12 月 10 日文章：中国家庭基尼系数达 0.61，高于全球平均水平。

② 2012 年 11 月 8 日，胡锦涛同志所作的中国共产党第十八次代表大会报告：《坚定不移沿着中国特色社会主义道路前进　为全面建成小康社会而奋斗》。

见》，为上市公司实行员工持股计划提供了框架性规范文件，启动了我国上市公司员工持股计划的发展步伐。

截至2017年8月中旬，中国上市公司总数3433家，市值54万多亿元，[①] 上市公司在我国国民经济中占有越来越重要的地位。研究上市公司员工持股计划对促进上市公司发展具有越来越重要的作用。上市公司员工持股计划制度建设的前提条件之一就是学界对上市公司员工持股计划的深入研究。遗憾的是，近十年来，国内法学界对于员工持股计划的研究仍然缺乏，重量级的研究成果寥寥，研究水平和成果基本停留在21世纪初的水平，远不能为上市公司员工持股计划的制度建设提供强有力的理论支撑。因此，急需加强对国内外员工持股，尤其是国内外上市公司员工持股计划的研究工作。

二、国内外研究现状

（一）国内研究现状

1. 国内经济学界的研究现状。我国经济学和管理学界对于员工持股的讨论内容基本限于对西方经验的介绍和相关理论探讨上。目前，国内经济和管理界学者对员工持股计划的研究主要集中于两点。

一是员工持股和人力资本的关系。周其仁认为：市场里的企业是一个

① 上海证券交易所和深圳证券交易所网站公开数据，访问日期：2017年9月11日。

人力资本与非人力资本的特别合约，人力资本不同于土地和其他自然资源，人力资本需要激励，激励得当，企业契约才能节约一般市场费用（周其仁，1996）。方竹兰进一步认为，人力资本所有者是企业风险的真正承担者和企业财富的创造者，人力资本所有者拥有企业所有权是一个趋势（方竹兰，1997）。魏杰认为，人力资本只包括两类人：企业家和技术骨干，一般劳动者不属于人力资本的范畴（魏杰，2002）。方竹兰则认为，各类劳动者的人力资本是不同层次的人力资本，应该用人力资本产权确定劳动者对企业的所有权（方竹兰，2006）。

二是员工持股和企业效率提高是否存在关联。王晋斌、李振仲在考察了我国上市公司及定向募集公司内部职工股的背景材料后，以 ESOPs 与企业绩效关系为研究视角作实证分析，研究结论是初始阶段我国上市公司的 ESOPs 与企业绩效之间不存在正相关关系；其认为当时的我国上市公司内部职工持股仅是一种短期福利措施，在此基础上，提出基于长期激励与福利双重机制的制度安排才是我国 ESOPs 的改革方向（王晋斌、李振仲，1998）。祁怀锦、王红岩以 2001 年深沪两市所有上市公司为样本，应用上市公司截面数据，分析股权结构与上市公司（特别是亏损上市公司业绩）之间的关系，得出了内部职工股对上市公司的盈亏有着显著的正面影响（祁怀锦、王红岩，2001）。张小宁考察了上海市上市公司的数据以及企业绩效与经营者报酬和员工持股的相互影响关系，得出了经营者持股与员工持股对企业绩效有正的影响（张小宁，2002）。宁向东等通过对 638 家发行内部职工股的上市公司的计量分析发现，在职工持股期间，有职工股的公司在财务业绩上显著优于没有职工股的公司，并且职工股的持股比例与公司财务业绩显著正相关；在职工股上市流通后，曾经发行过职工股的公司在财务业绩和市场业绩上均显著低于从未发行职工股的公司（宁向东、高文瑾，2004）。盖骁敏通过博弈理论分析认为员工持股制度不是必然提高劳动生产率。员工持股制度要达到更好的激励员工的效果，需要具备其他条件，例如实施对象的选择、员工掌握股份的多少、培养员工对企业的感情等（盖骁敏，2005）。黄桂田、张悦采用有员工持股的 1302 家上市公司 2007 年的截面数据检验了员工持股对企业绩效的影响，发现在国有企业上市公司中，员工持股对企业绩效的影响是正向的，特别是管理层持股对企业绩效的影响是普通员工持股的 4—6 倍；值得注意的是，员工持股包括管理层持股对企业绩效的影响存在拐点，超过一定比例，公司业绩开始下降甚至出现负影响（黄桂田、张悦，2009）。

小结。国内经济学界主流观点认为人力资本理论是员工持股的理论基础，但就何为人力资本，人力资本是否仅包含管理层和核心技术人员，还是包括一般公司员工这一问题存在争议。体现在员工持股的制度设计上，就是员工持股的主体范围、员工持股的数额多少应依据何种标准。对于员工持股是否与企业绩效存在正相关这一问题，学者从实证分析出发，在不同的设定条件下，得出了相反的结论。积极说认为，由于员工得到了企业的一部分剩余索取权和控制权，可能会更加努力工作，从而提高企业效率；消极说则认为，由于“搭便车”问题的存在，实行员工持股所导致的广泛的利润分享，在较大程度上削弱了制度的激励作用，稀释了财务资本所有者的激励，导致其监督决策动力的下降。因此，员工持股不会对劳动生产率产生积极影响，相对于小企业来说，大公司的员工“搭便车”问题会更严重。总之，员工持股对于提高企业效率并不具有直线的传导作用，需要搭配诸如职工参与公司管理之类的其他制度，才有可能对企业效率产生持续正面影响。

2. 国内法学界的研究现状。相对于经济学、管理学界对员工持股的研究热度，我国法学界对于员工持股缺乏研究，特别是对上市公司员工持股缺乏研究，有关的法学文章和著作多限于对员工持股中某项制度的研究。其中，对员工持股组织的研究是重点，持续性、体系性的研究缺乏，有分量的法学类文章和著作不多，且大多发表在 2005 年之前，近十年缺乏高质量的文章和著作。已有研究的重点集中于以下问题：

一是关于职工持股问题。江平教授认为，西方国家推行职工股份的目的在于通过承认职工劳动力产权，参与企业利润分配，获得资本收益，并同时建立起相应的约束与激励机制，将职工个人利益与企业的经济效益密切相连，以改善企业经营效益；中国的股份制企业是在 20 世纪 80 年代初期逐步产生和发展起来的，它的建立是从对计划经济体制下的传统国有企业或集体企业的改造开始的。江平教授指出，我国的职工持股形式繁多、性质不一，这是由其本身的特殊历史背景所决定的，通过对当时较普遍且定型的内部员工股、员工持股会及股份合作制进行介绍，明确指出员工持股在当时所存在的缺失和问题（江平、卞宜民，1999）。王保树教授对职工持股会的法律问题进行了研究，指出国内实践尚未找到一个在法律框架中可行的形式，应结合我国的经验教训，比较国外已采用的合伙形式、有限公司形式和信托形式，择其善者而行之，不必在法律中作出统一规定（王保树，2001）。朱慈蕴教授认为，职工持股立法应建立在人力资本理念基础之上，在职工持股制度的设计中应体现人力之本的理念，这是将职工持股引向深入的关键（朱慈蕴，2001）。冯果、罗小洋认为设立专门的机构对职工持有的股票进行统一管理是各国通行的做法；我国目前实行的职工持股制也多设立职工持股会，但其性质不一，难以界定；认为引入信托制度，将职工持股会定位为信托机构是明智选择（冯果、罗小洋，2001）。蒋大兴对员工持股的理论基础和价值目标进行了研究，其中最值得一提的理论基础是双因素理论和人力资本理论，我国员工持股的价值目标要从公平和效力、经济民主和政治民主的平衡来考量（蒋大兴，2000）；此外，还对中国员工持股立法进行了较全面的讨论，认为立法的难点集中在：职工持股的适用范围、资金来源、优先股的设置、经营管理层的股权设置、预留职工股的设置、职工股股权等行使主体、职工股的流转等九个方面，主张原则上应禁止职工股的流转，以避免员工的短期逐利行为（蒋大兴，2001）。江平教授对职工持股、信托以及政府角色进行了探讨，认为在我国的员工持股实践中存在信托需求，职工持股会是政府主导型的信托设计，压缩了双方交易的空间，使得职工持股的信托需求难以生成，既已生成的信托需求也难以转化匹配的信托设计（江平，2003）。我国台湾地区学者王志诚梳理了台湾地区职工持股制度的现状，包括员工持股的意义与目的、台湾地区员工持股制度的形成与演变、立法模式与法律基础、实施模式与内容分析等（王志诚，2003）。王显勇以劳动力权为切入点，认为职工享有的劳动力权应当和资本分享企业治理权和剩余权，以达到劳动力与资本的契合和均衡；作为劳动力权实现方式的职工持股制度，在我国的实践中已经发生了变异：职工购股的资金主要由个人承担，而不是通过劳动力权的商品化取得，实质是职工自己花钱投资物质资本所得到的股权等资本权，而不是劳动力权（王显勇，2004）。薄燕娜认为，立法应允许劳务出资，这样可以解决在职工持股、股票期权推行中所面临的困境和尴尬（薄燕娜，2005）。

二是关于职工持股与职工参与制度。刘俊海对职工参与公司机关制度进行了探讨，认为利益相关者理论是职工参与公司机关制度的理论基础，职工参与公司机关制度的价值在于完善公司经济民主，改善劳资关系，提高公司经济效益；同时，介绍欧洲国家职工参与制度的概况（刘俊海，1999）。尹智雄认为员工持股制度有利于公司管理科学化的实现，该制度通过公司内部经济关系利益的界定奠定了科学管理的基础，是公司决策民主化的制度保障之一；通过监督的内生性建立了公司内部的约束机制；通过员工的自觉参与，保证了公司管理质量的有效性（尹智雄，2001）。学者洪联英认为员工持股制度是基于人力资本产权理论而提出的能改善股权结构、强化激励机制、生成内在的约束与监督机制，弥补国有产权主体缺位、政府、债权人等利益主体的约束弱化的治理现状，强化了劳动者的治理机制，是我国建立有效公司治理机制的一种现实选择（洪联英，2004）。赵万一认为，我国现行公司法和劳动法对职工在公司治理中的作用和地位都重视不够，要立法保障职工的民主参与权利，要保障职工参与公司机关及劳动者的知情权和监督权；经济方面要保障职工的分红请求权；在职工持股方式上，建议把现行的职工持股会转变为企业外的信托组织，并创造条件让职工直接持股；调整职工代表大会的职权和确立职工代表大会与股东大会、董事会、监事会的衔接方式和程序（赵万一，2009）。郭站红从理论基础、参与模式、参与机制与协调等方面系统研究了职工参与公司治理的法律制度（郭站红，2009）。郝晶从劳动者民主参与权的角度对职工参与公司治理进行了论述，在考察我国劳动者民主参与权的历史演进与现实状况的基础上，借鉴国外比较成熟的立法例，提出了完善我国劳动者民主参与制的基本思路（郝晶，2011）。卢克建认为，劳动力权是职工参与权的权利来源（卢克建，2012）。

小结。国内法学界对于上市公司员工持股计划的设立、法律结构、内部管理、参与公司治理、利益冲突及其防范等诸多具体制度的研究尚不深入。立法上，虽有 2014 年证监会颁布的《关于上市公司实施员工持股计划试点的指导意见》，但该意见内容相对简单，对诸多问题没有深入、全面的规范；从实践看，上市公司实施员工持股计划尚处于试点阶段，诸多经验教训需要总结、归纳。

（二）国外研究现状

关于职工持股的外国文献可以分成两大类分述：一类是翻译成中文的外文书籍和文章；另一类是英文文献。

1. 翻译成中文的外文文献资料。主要有戴敏华主编的《股份、分享、证券——国外经济学家论股份制》，其中收录的科里·罗森、卡伦·扬、凯萨琳·克莱因撰写的《寻求公平——职工股份所有制研究》、《职工股份制设想的缘由及其前途》、《奥秘和方法——职工股份所有制成功原因的探索》三篇文章，以及雷蒙德·拉塞尔撰写的《工人所有制的尝试及其难以应付的问题》，上述四篇文章在国内影响较大，被引用频率较高。西奥多·W.舒尔茨一般被认为是人力资本理论的提出者。马丁·L.威茨曼提出了分享经济理论，把雇员的报酬制度分为工资制度和利润分享两种模式，提出要把工资制度改为利润分享制（马丁·L.威茨曼，1984），该理论一般被视为员工持股制度的理论基础之一。大卫·P.艾勒曼提出的公司民主思想也被视为员工持股制度的思想理论基础之一，此外该书还详细介绍了美国员工持股计划的来龙去脉和主要操作模式，以及日本员工持股模式和蒙德拉贡合作社的简略情况（大卫·P.艾勒曼，1998）。布莱恩·R.柴芬斯，在其书中第12章探讨了雇员所有制和公司决策中的雇员参与（布莱恩·R.柴芬斯，2001）。亨利·汉斯曼探讨了雇员所有制的成本与收益和雇员所有制企业的管理（亨利·汉斯曼，2001）。伊夫·居荣对二战后法国为使员工能够参与企业信息、利润和管理，所作出的努力的历史进行了回顾，当提及员工参与制度时，他写道："尽管1946年的宪法的序言宣告：所有劳动者都参与企业的管理"，但是"员工'参与制度'的建立还是遇到了几乎所有人的普遍反对"，雇主和股东认为"他们仍然是企业的主人，他们担心种种蛊惑人心的要求将会导致公司走向衰败"，而薪金雇员和工会对此也表现得并不热情，他们得出结论：职工分红和参与（企业管理等），同真正的"自我管理"毫不相干。居荣提及在法国法上，股份有限公司的薪金雇员享有一定的特权，主要表现在三个方面：信息、财务利润和企业管理。信息的知情权主要通过企业委员会实现，企业委员会享有与股东相同的知情权，还可以了解股东所不掌握的信息，企业委员会的代表可以参加董事会或监事会会议，并有权提出咨询意见；财务利润上，主要是利润分享机制和薪金雇员的持股机制（包括给予雇员的优先购买权、价格折让、付款期宽限、无偿配送等）；参与公司管理方面主要体现在非强制性地规定在公司董事会与监事会中设有薪金雇员的代表（居荣，2004）。托马斯·莱塞尔对德国股份有限责任公司中职工的共同管理权以及公司治理结构与股东价值的关系进行了介绍和探讨（托马斯·莱塞尔，2005）。沃尔夫冈·多伊普勒对德国公司中的企业委员会对公司治理的参与权和共决权作了详细的介绍（沃尔夫冈·多伊普勒，2009）。

2. 英文文献。本文对英文文献的收集主要通过 Westlaw 和 Heinonline 互联网电子数据库查询，设定“workers ownership”、“employee ownership”、“ESOP”、“workers participation”等搜索关键词，在搜索该研究领域代表性文章的同时，还意图了解美国法学文献近十年中关于员工持股制度理论和实践的新发展。

Ronald P. Givner（1976）探讨了 ESOPS 和美国证券法之间的关系，认为对于 ESOPS 的研究不能仅限于税收方面，还要关注 ESOPS 如何满足美国证券法规的要求。Michael W. Melton（1982）介绍了激励型股票期权的基本制度和机制原理。Henry Hansmann（1990）撰文探讨了雇员所有权的运作机制，以及员工持股与共同决定以及经济民主化的关系，该文堪称经典。Brett McDonnell（2000）提醒人们要关注员工持股公司中经理层的控制问题和因此引发的利益冲突。David Millon（2002）是安然事件发生后美国最早撰文探讨该事件对上市公司员工持股计划影响的学者，David 认为在上市公司环境下的员工持股制度没有赋予员工对公司未来的控制和管理权，并且对本公司股票投资过多，公司管理层又不值得信任，因此，对美国上市公司员工持股制度的现状提出了质疑。在另一篇文章中，David Millon 提出应该加强立法，以对上市公司员工持股制度进行改造，强制性要求员工退休金计划分散投资。Richard L. Kaplan（2004）针对安然事件后有关社会退休金私有化的意见提出了反驳，认为该意见只会使目前基于雇佣的退休金计划更加恶化。Peter Pitegoff（2004）对典型的职工所有制案例进行了分析，在提出员工持股要与公司治理相接合的同时，又对员工参与上市公司治理是否能解决安然式上市公司管理层通过造假冲高股价的问题提出了质疑。Michael E. Murphy（2005）回顾了员工持股制度在美国 30 年的发展历史，认为员工持股计划尽管存在不足，但该计划是唯一具有民主价值意义的员工股票所有权计划，应该通过立法对该计划进行完善，尤其要鼓励员工参与公司治理并对员工买断公司提供支持。Dana M. Muir（2006）从美国文化角度，分析了雇员所有制和 401（K）计划的关系，为本文的研究提供了一个理解和解释相关问题的新视角。Ingrid Landau、Richard Mitchell（2007）等撰文介绍了澳大利亚员工持股制度的理论、现状和法规。Aditi Bagchi（2008）研究了员工持股计划对美国公司法和劳工法的影响，提出在上市公司员工对公司管理的参与方式中，员工的直接投票权不足取，应考虑以工会为主体通过员工持股行使对公司的控制权，员工持股不应动摇上市公司的现有机构体制。Brett McDonnell（2008）认为在公司治理中应遵循雇员至上主义原则，包括员工对公司的最终控制权和最大化员工福利两个目标。Lauren E. Berson（2009）分析了美国员工持股计划在401（K）计划中的地位以及面临的风险，提出应该考虑为作为养老金计划的员工持股计划上保险，以保障员工养老金的安全。Sean M. Anderson（2009）认为美国上市公司的员工持股计划的实践与投资分散化投资理念相悖，并且因内部人利益导致利益冲突，会伤害到持股员工的利益，建议将员工持股计划从401（K）计划中清除出去，使之仅仅作为享受税收优惠的养老金计划而存在。Marvin H. Stroud（2010）研究了上市公司员工持股计划与401（K）计划（员工养老金计划）的关系，认为目前实践中，上市公司员工将太多的金钱通过ESOPS计划投给了雇主公司，因而带来危及养老及安全的风险，建议401（K）计划在具体设计时要充分考虑投资分散化，其所投资的资产不能包括雇主公司的股票。Justin Schwartz（2012）提出资本管理型企业比劳工管理型企业更加适应市场经济的观点并加以分析，对员工参与公司管理的有效性提出了质疑。

小结。员工持股制度在美国是一项比较成熟的制度，不是法学界和经济学界研究的重点。就研究的问题而言，2002年是一条较为明显的分界线。之前美国学者对员工持股的研究主要集中于员工持股机制的本身优劣、员工持股和税收优惠、员工持股和养老金计划、员工持股和参与公司治理等方面；之后，受安然公司事件的影响，对上市公司员工持股计划的研究更侧重于该计划的负面影响和对养老金计划的威胁，同时探讨解决方案。值得注意的是，员工持股计划与上市公司治理的探讨不仅一直没有脱离美国学者的视野，反而近年来引起越来越多学者的重视。这种学术现象，值得我们思考和借鉴。

三、研究的主要问题和研究方法

（一）研究的主要问题

一是研究员工持股计划产生的背景、理论基础、制度价值和制度功能。从双因素理论、人力资本理论到利益相关者理论、劳动权理论，提出适用于我国社会和经济情况的员工持股理论基础。

二是研究上市公司员工持股计划的具体制度。包括员工持股计划的设立制度、内部管理制度（计划受信人及其受信义务）、参与上市公司治理的途径、外部交易制度（利益机制、内幕交易和利益输送及其防范）。

三是重点研究中国和美国员工持股计划参与上市公司治理的法律机制。研究员工持股计划参与上市公司治理的法律路径，从理论和实践角度，探讨在现有上市公司治理机制下，员工持股计划融入现有公司治理体制的可能性和具体路径。

（二）研究方法

一是历史研究方法。研究员工持股制度在中国和美国的历史发展沿革、经济和社会历史背景等，目的是加深对制度价值和制度功能的理解和认识，从历史中汲取经验教训。

二是比较研究方法。主要是通过中国和美国上市公司员工持股计划的理论和实践机制的对比研究，借鉴美国的经验，为国内上市公司员工持股具体制度的制定和实施提供思路和制度借鉴。

四、研究思路和结构安排

本文以中美制度比较为视角，以上市公司员工持股计划的建立、内部管理、外部交易以及参与上市公司治理为主线，从比较法的角度，探讨员工持股计划在各个阶段的主要法律关系。

本文除导论外，共分为五章。

第一章员工持股计划概论。主要研究员工持股计划的历史发展，梳理员工持股计划的概念；员工持股的理论依据和实施目的；员工持股与企业绩效；员工持股与分散投资。

第二章上市公司员工持股计划的设立：决策与法律架构。主要探讨中美两国上市公司员工持股计划建立决策权的配置和员工持股计划的法律框架，以及员工持股计划文件的性质和主要内容。

第三章上市公司员工持股计划的内部管理：计划受信人及其受信义务。主要是探讨持股计划的管理方式，包括受信人范围的界定和受信义务的内容、类别及标准。

第四章员工持股计划参与上市公司治理的法律机制。主要研究员工持股计划参与上市公司治理的机制原理和具体路径选择，探讨员工持股计划通过现有上市公司治理机制参与上市公司治理的可能性和具体途径。

第五章上市公司员工持股计划中的内幕交易和利益输送。主要研究上市公司员工持股内部的利益冲突和员工持股的利益机制，员工持股计划中内幕交易和利益输送的成因及其解决途径。

结论。总结本书的主要观点和主要创新点。

五、本文可能的创新点

本文研究对象在国内具有一定的新颖性，研究资料以英文文献为主。从目前掌握的国内文献来看，国内还没有以上市公司员工持股计划法律机制作为研究对象的法学文章和著作。因为相关国内文献较少，本文主要参考美国相关文献，尤其是美国研究上市公司员工持股计划的文献，紧密结合我国上市公司员工持股计划的理论和实践经验，对国内上市公司员工持股计划的制度建设具有一定的参考价值。

第一章　员工持股计划概论

第一节　员工持股计划的概念厘清

一、扩张与限缩：美国法律语境下的“员工持股计划”

美国文献论述“员工持股计划”时经常一并提及“员工所有制”。员工所有制（employee ownership）是与投资者所有制（investor-owned）相对应的企业所有制形式。员工所有制企业员工持有企业全部或部分股权。工人合作社是最纯粹的员工所有制企业形态，但是工人合作社在美国并不普及，仅限于在特定行业发展。① 更多的员工所有制企业是基于对投资者所有制企业的改造，方法是通过多种制度安排让员工持有雇主公司的股票，从而形成企业的全部或部分所有权归属员工的股权结构。在美国，实现员工所有制最常见的方式就是员工持股计划。

“员工持股计划”在概念外延上有扩张解释和限缩解释之分。扩张解释

---

① 按照 Henry Hansmann 考察的结论，美国的工人合作社基本上在三合板制造业、垃圾清运业、出租车行业等发展。

下的“员工持股计划”又称“员工所有制计划”，泛指实现员工所有制的各种制度安排。限缩解释下的“员工持股计划”①（Employee Stock/Share Ownership Plans/ESOPs）特指由路易斯·凯尔索（Louis Kelso）设计并被纳入1974年美国《员工退休收入保障法》(Employee Retirement Income Security Act of 1974/ERISA）中，作为一种退休计划（Retirement Plan）的员工持股制度安排。扩张解释的“员工持股计划”在外延上包括限缩解释的“员工持股计划”。此外，扩张解释的“员工持股计划”还包括：员工股票购买计划、股票期权计划、限制性股票计划、股票增值权计划、影子股票计划等多种计划。

从制度内容上看，美国法上的“员工持股计划”是一种使员工成为本企业股票持有者的员工受益机制，制度设计的基本结构是，雇主公司发起建立信托基金，基金资产主要投资于雇主公司股票，雇主公司向信托基金直接捐献（contribution）公司股票或提供现金用于购买公司股票，或者利用外部借款来购买公司股票；之后，按照赋权计划（vesting schedule）将信托基金持有的雇主公司股票分配给参加计划的员工。按照实施员工持股计划的资金来源，员工持股计划可以分为非杠杆型和杠杆型两种，前者资金来源于雇主，后者资金来源于公司外部的贷款人。

除员工持股计划之外，美国法上的员工所有制计划还包括员工股票购买计划（Employee Stock Purchase Plan）、员工期权计划（Employee Stock

① 如无明确指出，下文中美国法上的“员工持股计划”均指狭义的“员工持股计划”。

Option Plan)、股票升值权(Stock Appreciation Rights)、限制性股票(Restricted Stock)、影子股票(Phantom Stock)等。美国上市公司经常把员工持股计划(ESOP)与401(K)计划合并使用，称为KSOP。除员工持股计划外，美国上市公司较多采用员工股票购买计划、股票期权计划和401(K)计划。

员工股票购买计划(Employee Stock Purchase Plan/ESPP)。该计划赋予参加计划的公司员工享受按照一定折扣价格购买雇主公司股份的权利。为公司工作两年以上的全职员工(full-time employee)均有权参加计划。在“给定期间”(offering period)(一般是3—27个月)内，公司从参加计划员工的报酬中扣除一定数额(具体数额由员工确定)，在“给定期间”结束时，积累的扣款用于购买公司股票。购买股票的价格享受一定折扣，但一般不得低于股票在公开市场价格的85%，这一限制性规定主要是为了防止公司对员工的过度分配。员工可以选择“给定期间”开始日或结束日的最低市场价格，作为折扣前的股票市场价格。员工获得股票后，可以立即卖掉或者选择持有。但是，如果要享受税收优惠待遇，持股时间要达到1年，同时从“给定期间”第一天起算满两年。满足以上持有期限的条件，员工卖出股票的收入就可以享受资本利得税(capital gain tax)的优惠税率待遇。①

员工股票购买计划与员工持股计划在计划资金来源和对参加员工持有计划项下雇主公司股票的时间要求不同。前者资金来源于参加计划员工的

① 参见：NCEO网站，http://www.nceo.org/articles/stock-options-restricted-phantom-sars-espps，访问日期：2017年1月9日。

薪酬扣款，后者资金或来源于雇主公司（非杠杆型），或来源于第三方的贷款（杠杆型），员工一般不需要自己出资；① 前者对员工持有股票的期限一般没有限制，② 后者则禁止员工在雇主公司工作期间转让所得的雇主公司。从参加人数和计划持有的财产规模上看，员工股票购买计划是唯一能够与员工持股计划相媲美的员工所有制计划。③2011 年，全美员工股票购买计划的数量约为 4000 个，提供员工股票购买计划的公司基本是上市公司。截至 2009 年，参加计划员工 1100 万。④

员工股票期权计划（Employee Stock Option Plans）。员工股票期权计划是参加人员范围广泛的股票期权计划（Broad-based Stock Option Plans），半数以上的全职员工有权参加。参加计划的员工有权按照既定价格，在将来一定年限之内，购买一定数量的雇主公司股票。赋予期权以员工工作一定时间或者达到一定业绩为前提。员工获得股票期权之后，在满足行权条件的情况下，有权选择在期权规定的到期日，以既定价格购买雇主公司股票。行权价格一般会低于行权当日的市场价格，两者之间的价差就是“期权价差”。行权后，行权人有权在市场卖出购买的股票。卖出价格和行权价

---

① 实践中，一些美国公司在实施杠杆型员工持股计划时，往往降低参与员工薪酬或下调工资年度增幅，目的是为了按期偿还持股计划贷款。

② 员工股票购买计划中，参加员工持有雇主公司股票的持有期限由员工决定，没有强制性要求。但如果要享受税收优惠，则要持有一定期限。

③ 参见 NCEO 网站 http://www.nceo.org/articles/statistical-profile-employee-ownership/printable，访问日期：2017 年 7 月 13 日。

④ 数据引自：NCEO（美国员工所有制中心）网站，A Statistical Profile of Employee Ownership（Updated February，2012）http://www.nceo.org/articles/statistical-profile-employee-ownership/printable，访问日期：2017 年 7 月 12 日。

格之间的价差，就是行权人获得的增值收入。在法律结构方面，员工股票期权计划与员工持股计划差异较大。值得注意的是，美国员工股票期权计划赋予对象的范围较为泛化。传统的股票期权把授予对象限制在公司高管和主要技术人员、经营人员，员工股票期权计划则是把授予对象扩展到普通公司员工，甚至扩展到供应商和顾客。20 世纪 90 年代之后，美国上市公司中员工股票期权计划的发展较快，在一定程度上代替了员工持股计划，成为上市公司中员工持股计划数量降低的主要原因之一。

401（K）计划。美国的 401（K）计划是由雇员、雇主共同缴费建立起来的基金式的养老保险制度，主要在美国上市公司中实行。401（K）计划得名于美国 1978 年《国内税收法》第 401 条 K 项条款，后者是规范 401（K）计划的主要法律。401（K）退休计划适用于营利性私人公司，但不是强制性适用。只有在雇主公司愿意为员工提供 401（K）计划时，员工才能自愿参加。401（K）计划在 20 世纪最后二十年发展迅速，目前已经成为美国上市公司中实施最为普遍的员工退休计划。参加 401（K）计划的雇主公司要为员工设立专门的 401（K）账户，员工每月从其税前工资中拿出一定比例的资金存入 401（K）账户，同时，雇主公司也要按照一定的比例（不能超过员工存入的数额）向该账户作相应捐赠（contribution）。雇主公司向员工提供几种不同的证券组合投资计划，员工可任选一种，使用其 401（K）账户内的资金投资。员工 401（K）账户内的本金和投资所得归属员工个人，在员工退休时，可以选择一次性领取、分期领取和转为存款等方式提取。雇主和雇员投入到 401（K）账户的资金享受延后纳税政策，雇员在提取账户资金时才需要申报个人所得税。

员工持股计划和 401（K）计划同属 1974 年美国《员工退休收入保障法》规定的缴费确定型退休计划（defined-contribution retirement plan）。美国上市公司中的员工持股计划常与 401（K）计划合并使用，形成兼具两者特征的混合计划（KSOP）。在 KSOP 中，雇主公司直接用公司股票对员工养老账户进行捐赠。

二、借鉴与创新：中国法律语境下的“员工持股计划”

长期以来，“员工持股计划”在中国法律语境之下一直不是一个内容确定的统一概念。国内文献基本上把“员工持股计划”作为“员工持股制度”的替代概念使用，[①] 在外延和内涵上，与美国法律语境下的“员工持股计划”大相径庭。

2014 年 6 月，中国证监会发布了《关于上市公司员工持股计划试点的指导意见》，在规范性文件的层面，第一次从内涵和外延上对上市公司“员工持股计划”作了界定。该意见规定：员工持股计划是指上市公司根据员工意愿，通过合法方式使员工获得本公司股票并长期持有，股份权益按约定分

---

① 江平、卞宜民：《中国职工持股研究》，《比较法研究》1999 年第 3、4 期；蒋大兴：《员工持股的理论基础：价值目标的追问》，载《中德法律继受与法典编纂》，法律出版社 2000 年版；王来武：《员工持股制度在美国的产生和发展》，《商业研究》2004 年第 17 期；庄一钧：《职工持股制度的优势》，《瞭望新闻周刊》2005 年第 7 期；吴彬、毛晓波：《比较与借鉴：中美员工持股制度透视》，《山东财政学院学报》2006 年第 2 期等。

配给员工的制度安排。员工持股计划的参加对象为公司员工，包括管理层人员。就上述规范性文件内容而言，从中国上市公司“员工持股计划”概念和制度的外延和内涵看，既不是美国法上的典型“员工持股计划”，也与美国法上的“员工股票购买计划”不同，下文将就此专门论述。

与上市公司员工持股计划相近的概念是上市公司股权激励，两者既有联系又有区别。两者制度目的都是将公司员工个人利益绑定企业效益，从而激发企业员工的主人翁精神，实现企业与所激励对象的利益一体化。但两者仍有较大的区别。从证监会制定的《上市公司股权激励管理办法》和《关于上市公司实施员工持股计划试点的指导意见》(以下简称《试点指导意见》) 来看，基本上采取了区别规范的立场。员工持股与股权激励至少有五个方面的差异。第一，适用对象不同。员工持股面向企业员工，具有广泛性、普惠性，而股权激励的对象包括董事、高级管理人员、核心人员及少数骨干等，范围明显较窄。第二，种类不同。员工持股计划不分类别，参加员工持股计划的员工，不论是管理层或普通员工获得的是同一种持股计划的份额；股权激励则分为股票期权和限制性股票。第三，授予条件不同。员工持股基于双因素经济理论，具有激励性、福利性等多重特点，以工龄、业绩贡献等作为考核指标，锁定期限较长，资金来源为员工合法薪酬以及法律法规允许的其他方式；而股权激励基于代理人理论，为了激励高级管理人员更勤勉地工作，降低代理成本，通常设定较高的业绩考核标准，实施期限较短，资金来源不能是贷款或其他任何形式的财务资助（包括为其贷款提供担保）。第四，批准程序不同。以我国上市公司为例，员工持股计划需经职工代表大会通过，提交股东大会普通决议生效。不涉及非公开发行的，不设行政许可；涉及非公开发行的，需经证监会审批。而股权激励相对严格，需股东大会特别决议，并获得证监会无异议备案通过。第五，持股退出机制不同。股权激励实施行权应考虑法定禁售期。如我国公司法规定董事、高级管理人员任职期间每年转让的股份不得超过持股总额的 25%，离职后半年内所持股份不得转让，公司章程还可以作出其他限制。针对上市公司员工持股计划参加员工退出持股计划的问题，我国《公司法》和《试点指导意见》尚无详细规定，主要依照员工持股计划文件（包括但不限于:《员工持股计划》草案及上市公司股东大会通过的正式版本、上市公司代员工持股计划与持股计划的合格管理机构签署的《资产管理合同》，以及上市公司《员工持股计划管理办法》等）的有关规定。

第二节 员工持股计划的历史发展与现状

一、美国员工持股计划的历史发展与现状

美国的员工持股最早出现在 19 世纪 80 年代，是现代公司高度发展的产物。到 1927 年，美国大约有 80 万员工持有全部公司股票的 1%。1929 年的美国股市大崩盘，对持股员工的打击很大，大量员工股东在失业的同时，损失了所持股票的价值。二战后，员工持股在美国重新出现。在此后的一段时间内，美国员工持股的主要方式是“员工股票购买计划”和“股票奖

励计划”(Stock Bonus Plans)(Michael E. Murphy，2005)。

现代版的“员工持股计划”出现于 20 世纪 50 年代，设计者和倡导者是身为律师和经济学家的路易斯·凯尔索（ Louis Kelso)。凯尔索认为，美国资本主义制度存在严重弊病，资本越来越集中于少数人手中，劳动者不能通过资本获取工资之外的收入。他认为，传统的资本融资和获取所有权的方式是主因，解决方法是重构资本获取方式，以帮助普通员工获得资本所有权。凯尔索设计了以雇主信用为基础的债权融资结构，具体做法是：雇主公司设立员工持股计划基金，利用借入的资金购买雇主公司的股份；在偿清贷款之后，股份划入员工个人账户。通过这种方式，普通员工成为雇主公司的股东，进而获得工资之外的资本收入。1957 年，凯尔索设计并实践了半岛日报（ Peninsula Newspaper Inc. ）的员工持股计划。但是，他的理论在之后的十几年内并未得到多少关注。

1973 年，凯尔索的理论得到时任美国国会参议院财政委员会主席的参议员罗塞尔·朗（ Senator Russell Long ）的认同和鼎力支持，成为员工持股计划在美国发展的重大契机。在朗的努力下，员工持股计划在最后一刻被纳入 1974 年的《员工退休收入保障法》，成为法定的退休计划的一种，享受延后纳税待遇。之后的十多年内，在参议员朗的推动下，美国国会陆续通过了二十多部法案，给予员工持股计划大量税收优惠政策，极大地刺激了员工持股计划在美国的发展。即使美国国会在 20 世纪 80 年代末和 90 年代中期废除了其中的一些税收优惠政策，员工持股计划迄今仍然享受着高标准的税收优惠待遇，而且是唯一被允许通过借贷资金建立的退休计划。

在税收优惠的刺激之下，20 世纪 70—80 年代，美国的员工持股计划发展迅速。1989 年，美国国会废除了给予员工持股计划的某些税收优惠，使得员工持股计划的发展趋向平缓。之后二十多年内，新的员工持股计划代替终止的员工持股计划，计划总数量基本保持稳定（Michael E. Murphy，2005）。据美国员工所有制协会估算，美国目前有 1 万多个员工持股计划，参加员工占私营部门劳工总数的 10%。其中，近 75% 的员工持股计划属于杠杆型（Leveraged ESOPs）；约 95% 的员工持股计划在封闭公司（privately held company）内实施。实施员工持股计划的上市公司（publicly traded company）数量占员工持股计划总数的 5%，但是参加员工人数占到参加员工总数的 40%。只有低于 2% 的公司在建立员工持股计划时，财务处于不良状态。截至 2009 年年底，美国员工持股计划持有的资产总额约为 8690 亿美元。员工持股计划俨然成为今日美国经济的一个重要的方面。①

二、中国员工持股计划的历史发展与现状

中国历史上的晋商票号出现过“顶身股”制度。“顶身股”就是在商号的股份构成中，出资人持有银股，掌柜阶层和资深职员持有人身股。“顶身股”不需员工实际出资，而是凭劳动和工作年限获得。银股是事实上的资本股，“顶身股”则是纯粹收益股（谈萧、胡新建，2012）。“顶身股”制度可

① 数据引自美国员工持股计划协会网站（the website of ESOP Association），访问日期：2017 年 7 月 12 日。

以说是中国古代的员工持股制度。

当代中国的员工持股经历了三个主要发展阶段。第一个发展阶段发生在 20 世纪 80 年代，伴随着对传统国有企业和集体企业的改造，本企业职工以购买或其他形式持有本企业股份。由于缺乏明确的法律规范，职工持股形式多种多样，改造过程混乱、不规范（江平、卞宜民，1999），缺乏公平的第三方评估机构对改制资产进行评估，以及缺乏国有资产管理部门的有效监督。企业管理层利用信息优势，在改制企业作价时瞒报、低估，有意压低企业资产价值，部分企业在职工持股改制过程中出现了严重的国有资产和集体资产流失问题。第二个阶段是在 20 世纪 90 年代初，上海证券交易所和深圳证券交易所相继开业，中国证券市场大发展，出现了以上市为目的的职工持股热。1992 年之后，在上市的可能和由此带来的巨大获利机会的刺激下，以定向募集方式设立的股份公司数量剧增，其中绝大多数公司设有“内部职工股”。中国股市一级和二级市场之间的股票价差很大，经过上市后的禁售期，职工股往往被一抛了事。“内部职工股”成了公司借上市之机为员工提供的“短期福利”，与职工股长期激励的目标相去甚远。由于缺少必要的法律规范，内部职工股超范围、超比例发行，“内部股公众化、法人股个人化”，甚至成为滋生腐败的一个源头（王保树，2001）。1994 年 6 月，国家体改委发布《关于立即停止审批定向募集股份有限公司并重申停止审批发行内部职工股的通知》，叫停了内部职工股。1998 年年底，证监会发布《关于停止发行公司职工股的通知》，不再允许股份有限公司在公开发行股票时发行公司职工股。2000 年，中国证监会停止审批职工持股会及工会作为发起人或股东的公司的发行申请和再融资申请。2006年施行的《公司法》将股份有限公司的发起人人数限制在2人以上200人以下。同期颁布的《证券法》规定，向特定对象发行证券累计超过200人的为公开发行证券，应依法报经证监会核准。为了满足上述规定，许多企业在上市前集中清退职工股，将原本属于职工的股份转让给风险投资或公司高管等，长期为企业发展作贡献的职工反而无缘分享上市带来的丰厚利润，这对于企业员工激励制度的建设而言是一个倒退。①虽然证监会对拟上市阶段的职工持股持事实上的禁止态度，但是，已上市公司的员工仍然通过各种方式有计划、有组织地获取上市公司股票。据初步统计，截至2012年9月30日，沪深两市共有1841家A股上市公司有员工持股，占全部2467家A股上市公司的74.63%。员工持股数量为982.30亿股，占含员工持股的A股上市公司总股本的6.33%，占所有A股上市公司总股本的3.13%。②第三个阶段开始的标志是2012年8月证监会发布的《上市公司员工持股计划管理暂行办法（草案）》(征求意见稿)，准备在上市公司中推行中国版“员工持股计划”。经过近两年的征求意见和试点建设，2014年6月证监会正式发布《关于上市公司实施员工持股计划试点的指导意见》(以下简称《试点指导意见》)，上市公司实施员工持股计划的热情不断高涨。截至2017年2月，有600多家上市公司依照《试点指导意见》实施了员工持股计划，占全部上市公司数量的20%。③

---

① 《职工股上市前遭清理313亿元财富转移》，《华商晨报》2010年8月14日。

② 参见中国证券报2012年11月12日的中国证监会新闻发言人讲话。

③ 源自Choice金融终端数据。

第三节　员工持股制度的理论依据和实施目的

一、员工持股的理论依据

员工持股是对古典经济学关于劳动获得工资、资本获得利润（或企业剩余）的分配制度的理论突破。在此基础上，双因素理论、人力资本理论、分享经济理论[①]、企业民主理论[②]、代理理论[③]从不同的角度对实行员工持股提供了理论支撑，其中双因素理论和人力资本理论影响最大。

双因素理论。员工持股计划理论之父路易斯·凯尔索认为美国资本主义制度面临的主要问题是资本集中和贫富分化，以及由此造成的社会分配不公。尽管工人拥有劳动，但不拥有资本，因而不能取得资本收入，只能从劳动中获得收入。资本主义虽然能够创造出经济效率奇迹，但它却不能创造出经济公平。凯尔索提出了“二元经济学”理论，基本思想是，人具有通过劳动和资本获得收入的基本权利。在此基础上，凯尔索提出了员工持股计划理论。

---

① 分线经济论是魏茨曼在《分享经济论》中提出的理论，认为应当将劳动者的工资制度通过某种方式变成分享制度，劳动者与物质资本的出资者之间应当约定一份在公司总收入中各占多少分享比例的契约。

② 埃德曼在《民主的公司制》中提出的一种经济主张。

③ 该理论以现代企业理论为基础，认为企业剩余的产生要么是因为企业参与者签订的契约具有不完备的特征，要么是由团队成员共同创造的“组织租”，要么是人力资本专用性产生的“收益外溢”，所以企业剩余存在着再分配的必要，应该允许劳动者以劳动来参与企业剩余的分配。

人力资本理论。该理论的提出者是诺贝尔经济学奖获得者舒尔茨教授。他认为：人力资本和物质资本都具有资本属性，都能够给持有人带来收益（舒尔茨，1960）。现代企业理论认为，企业是物质资本和人力资本共同构成的特殊结构，股东拥有实物资本，员工则支配着自己的人力资本，两种资本都会提出分享企业剩余索取权的合理要求。虽然学者间对于企业家和技术骨干之外的一般劳动者是否属于人力资本存在争议，但是，对于人力资本的产权只属于个人，只能依靠激励和不能通过强迫发挥效益的看法基本一致（周其仁，1996）。人力资本理论是在马克思劳动价值论基础上发展而来的，认为离开了人力资本，物质资本的增值力会大大降低，当人力资源所有者依据自己的劳动才能索取剩余价值时，人力资源就转化为人力资本（朱慈蕴，2001）。员工持股理论是人力资本理论的具体实践。

二、员工持股的实施目的

美国公司实施员工持股计划的目的多种多样。除了为员工提供福利外，员工持股计划还被用作提高员工对公司的忠诚度、鼓舞员工士气、提高企业生产效率的工具。除此之外，员工持股计划还被用于企业所有者退出①和企业延续、企业低成本融资、剥离子公司、拯救濒临破产的企业②等目的。某

① 将员工持股计划用于购买原企业所有者的股份，在企业存续的情况下让原所有者退休。出于这种目的实施的员工持股计划占员工持股计划总数量的近 60%。

② 例如美联航的职工持股计划。据美国职工持股计划协会统计，用于拯救濒临破产的员工持股计划并不多见，仅占员工持股计划总数的 2%。

一企业实行员工持股计划时，可能是出于以上一项或几项的多重目的。

20 世纪 80 年代末，许多美国上市公司出于享受税收优惠、获得低成本贷款、反敌意收购、节约公司福利成本等多重目的，实施了员工持股计划。其背景一是 1984 年和 1986 年，美国国会出台了两个针对员工持股计划的税收优惠法案，尤其是 1986 年美国税收改革法（Tax Reform Act of 1986），允许公司把支付给员工持股计划信托基金，用于偿还员工持股计划借款或者转而向员工支付的股息（dividend）从公司毛收入中作税前扣除。二是杠杆型员工持股计划中的贷款方可以给员工持股计划的贷款的利息收入享受 50% 的税务扣减，① 贷款方因此有利润余地向借款方让利，以较低的利息向员工持股计划发放贷款；低息贷款用于购买上市公司的股份，相当于上市公司享受了低成本的融资。三是 20 世纪 80 年代美国盛行通过发行垃圾债券杠杆收购上市公司。1989 年三叶草控股公司诉宝丽来公司一案，特拉华州衡平法院判决宝利来公司员工持股计划作为反敌意收购措施合法，使得若干面临潜在敌意收购的上市公司对实行员工持股计划趋之若鹜。四是选择实行员工持股计划的上市公司大多已经实施了一种以上的员工福利计划，实施员工持股计划替代原有员工福利计划，或与原有福利计划合并，利用员工持股计划享有的各种税收优惠，来降低公司的员工福利开支成本。

中国实施员工持股同样出于多重目的。员工持股最初被用作国有企业和

---

① 在美国国会 1989 年预算和解法案中，该政策被附加了两个条件，一是员工持股计划要占到上市公司总股权的 50% 以上；二是员工持股计划所持股份的投票权要交给参加计划的员工。鉴于员工持股计划在上市公司股权中所占比例一般在 5%—15% 之间，因此，实际上能够享受到贷款利息 50% 扣减的员工持股计划贷款方少之又少。

集体企业的改制工具，后来被用作员工福利和员工激励机制。2012 年 8 月证监会颁布的《上市公司员工持股计划管理暂行办法》(征求意见稿）的立法意图是希望通过上市公司员工持股计划，来激发员工创造精神，提高员工的劳动干劲和热情，提高公司对职工的凝聚力和公司自身的市场竞争力，改善公司治理水平；2014 年的证监会规范性文件《上市公司实施员工持股计划试点的指导意见》进一步提出，上市公司员工持股计划还可为上市公司提供新的市值管理工具，有利于上市公司更好地开展市值管理工作。① 此外，员工持股计划还可以作为国有企业混合所有制改革的可供选择路径之一。

第四节　员工持股与企业绩效

美国关于员工持股与企业绩效关系的实证研究很多，结论各有不同。美国国会总审计署（general accounting office/GAO）1987 年公布的调查结论没有发现企业绩效和建立员工持股计划之间存在明显联系，但发现员工通过工作团体和委员会（work groups and committee）参与企业决策和企业绩效提高之间存在显著联系。②Hamid Mehran（1999）通过对有员工持股

① 证监会网站：《上市公司员工持股计划管理暂行办法征求意见稿的起草说明》和《制定并发布〈关于上市公司实施员工持股计划试点的指导意见〉新闻稿》，访问日期：2017 年 2 月 11 日。

② 该调查是应拉塞尔·朗参议员的要求进行的，目的是为给予员工持股计划更多税收优惠寻找实证依据。调查进行了 6 年，跟踪了 111 家实行员工持股计划的公司的表现。参见：Michael E. Murphy，the ESOP at thirty：a democratic perspective，Willamette Law Review（Fall 2005）。

计划的美国上市公司在实行持股计划前后企业绩效的比较研究，发现这些公司在实行员工持股后企业绩效确有提高（张长伦，2003）。

中国学者对上市公司员工持股与企业绩效的实证研究结论也没能达成一致。王晋斌、李振仲的实证研究结论认为在中国上市公司中，员工持股仅是一项福利，与企业绩效没有正相关关系（1998）；祁怀锦、王红岩（2004）研究结论则认为上市公司中的内部职工持股对公司业绩的提高有着非常明显的正面作用（祁怀锦、王红岩，2004）；孔锦、徐永翙（2015）的研究结论认为，员工持股制度对企业绩效有促进作用，但要同时采取适当的措施，如成立员工持股机构或者增加持股员工参与管理和监督的权利，提高持股员工参与管理程度，才能够促进员工持股计划激励作用的发挥。

综合中美两国的实证研究，可以得出以下结论：员工持股与企业绩效至少没有负相关联系，不少研究还得出了正相关的结论。因此，整体来说，员工持股（尤其是在与员工参与结合的情况下）有利于企业的劳动生产率和企业业绩的提高。

第五节　员工持股计划与分散投资

为保护退休计划资金的安全，美国1974年《员工退休收入保障法》（ERISA）规定了分散投资规则和禁止交易规则。员工持股计划作为退休计划（retirement plan）的一种，本该适用于上述规则。但是，员工持股计划与上述规则存在着实际冲突。

一是“分散投资”规则（diversification）。退休金是员工退休后的养命钱，投资首要保障资金安全。现代证券组合投资理论揭示投资多家公司的具有不同风险特征的股票，与投资单一公司股票相比，可以有效地降低投资风险。ERISA 要求退休计划的资金投资要遵循分散投资规则，同时投资的平均收益不降低。这样才能实现风险最小化的同时收益最大化的目标。ERISA 把是否遵循分散投资规则作为衡量退休计划受信人是否正确履行其受信义务的标准之一。员工持股计划被设计用来主要（primarily）投资于雇主公司股票，显然与 ERISA 要求的投资分散化规则相冲突。

二是“禁止交易”规则。为了保障退休计划的资金安全，防止雇主公司滥用员工退休金计划谋取私利，除合格的以雇主公司股票为投资标的的计划之外，ERISA 禁止雇主公司与员工退休金计划进行交易，包括禁止雇主公司和员工退休金之间发生雇主贷款和担保、股票和资产的买卖。员工持股计划，尤其是杠杆型员工持股计划，从外部贷款时，恰恰需要雇主公司担保，有时甚至需要雇主公司先作为借款方，然后再转贷给员工持股计划信托基金。

对于以上两大矛盾，ERISA 采取了对员工持股计划网开一面的解决方式，规定员工持股计划不适用以上两大原则。同时，为了防止员工持股计划资金被滥用，又提出了两项原则性要求，一是购买股票时需要充分考虑（adequate consideration），二是要出于“主要是为了计划参加人和受益人利益”的目的。这两项要求过于原则，又没有相应的衡量标准，其实并不可能真正起到保护员工持股计划资金安全的作用。

此外，部分美国上市公司采用员工持股计划的目的之一是为了降低员工福利开支。员工持股计划的采用经常意味着其他员工退休计划的终止或者和其他退休金计划的合并（Joseph Raphael Blasi & Douglas Lynn Kruse，1991）。这些被终止或被合并的退休计划的资金使用恰恰是遵循分散投资的规则。因此，员工持股计划实际上加剧了员工退休金计划的资金安全问题。

员工持股计划的设计初衷就是为了主要投资于雇主公司股票，有违退休计划分散化投资的要求。员工持股计划之父凯尔索对此问题的观点是“分散投资规则是为已经富裕的富人（所设计）”，① 分散投资规则弱化了员工和雇主公司利益的一致性，员工持股计划虽然不符合分散投资规则的要求，但是与员工持股计划带来的利益相比，员工承担的风险是可以接受的。

员工退休金计划投资于雇主股票确实面临很大的投资分险，一旦雇主公司出现经营或财政风险而难以为继时，参加计划的员工在面临失业的同时还有可能失去他们的退休金。按照美国法律规定和员工持股文件约定，员工持股计划参加人个人账户内的雇主公司股票在该员工在职期间不能够卖出，要到该员工 55 岁并且参加计划时间达 10 年以上时，员工才能在之后的 5 年内将其个人账户内的雇主公司股票价值的 25% 作分散投资；在第 6 年，分散投资的上限可以达到 50%。② 这就意味着，在达到就已经分配到个人账户

① 凯尔索引用了 Andrew Carnegie 的话：“你想致富吗？那么就把你所有的鸡蛋放在一个筐子里，然后小心地看好它”。相对于衍生出分散投资规则的谨慎人原则，凯尔索称之为“另一个谨慎人原则：穷人的谨慎人原则”。转引自：Michael W. Melton，Demythologizing ESOPs，Tax Law Review，1990（spring）。

② 参见 NCEO 网站：http://www.nceo.org/esop-operational-issues/c/esop-diversification-1，访问日期：2016 年 12 月 31 日。

上的雇主公司股票价值作出分散投资的年龄之前，一旦雇主公司经营状况出现问题，公司股票价值急跌时，参加计划的员工只能眼睁睁地看着股价下跌，而不能卖出减损。① 众所周知的例子是 2001 年安然公司的财务丑闻爆发后，安然公司股票价格从每股 90 美元急跌到 25 美分，以公司股票为作为投资标的的员工退休金计划损失达 13 亿美元。

针对员工持股计划投资过于集中的弊病，美国学者提出了以下主张：应当通过立法对投资雇主公司股票的养老金额度封顶；或者要求实行员工持股计划的雇主公司还要建立其他适用分散投资规则的退休金计划，来对冲员工持股计划集中投资的风险；还有建议废除给予员工持股计划的税收和其他特殊待遇，以减少员工持股计划的数量，相应减少员工养老金计划的风险（Sean M. Anderson，2009）；还有人提议通过保险来解决员工持股计划的投资风险问题。②

作为对以上建议的回应，2006 年美国国会通过《养老金保障法案》（the pension protection act of 2006），对上市公司的 401（K）和员工持股计划的混合体（KSOP）提出了分散投资的要求。

中国上市公司员工持股计划同样面临分散投资问题。2012 年证监会颁布的《上市公司员工持股计划管理暂行办法》（征求意见稿）（以下简称《暂

---

① 就未分配的还留在悬置账户上的雇主公司股票，员工持股计划受信人是否应该及时抛售止损问题，在美国曾经发生了多次诉讼，美国法院的态度是受信人在此情况下不抛售股票，不违反受信义务。

② 凯尔索主张可以通过保险解决员工持股计划的投资风险，参见：Michael E. Murphy，the ESOP at Thirty: a Democratic Perspective，Willamette Law Review（Fall 2005）。

行办法》(征求意见稿))和 2014 年证监会规范性文件《上市公司实施员工持股计划试点的指导意见》主要从两方面进行限制，一是对上市公司员工持股计划持股的时间进行了限制。每期员工持股计划持股时间不低于 12 个月，以非公开发行实施员工持股计划的，持股期限不得低于 36 个月；相比美国员工持股计划 55 岁之前才能进行分散投资的规定，缩短了员工投入员工持股计划资金承担风险的时间；二是从量上限定了风险的范围。规定上市公司员工计划持有公司股份累计不得超过公司股本总额的 10%，单个员工所获股份权益对应的股票总数累计不得超过公司股本总额的 1%。

本章小结

考察美国员工持股制度的发展史，可以发现，历史上的美国员工持股计划最初不是一个外延和内涵统一的特定概念。1974 年美国《员工退休收入保障法》采纳了凯尔索设计的员工持股计划，并赋予其税收优惠地位，“员工持股计划（ESOP）”才成为一个特定的法律概念。凯尔索的员工持股计划依赖雇主公司信用为基础的借贷完成公司股份向员工的转移，整个过程不需员工个人出资。双因素理论、人力资本理论、分享经济论、企业民主论从各自角度为员工持股提供理论支撑。实证研究基本确认采纳员工持股可以提高企业生产效率。因为投资过于集中，违反分散投资规则，危害员工利益，员工持股计划广受诟病，迄今还没有一个好的解决方法。

中国上市公司虽然一直存在员工持股现象，但是一直没有形成真正制度意义上的员工持股计划。中国证监会颁布的《试点指导意见》所确定的上市公司员工持股计划，在制度设计上不同于美国上市公司员工持股计划，也不同于美国员工股票购买计划，具有自己的特点，主要表现在：（1）从资金来源讲，中国上市公司员工持股计划的资金来源于参加员工的合法薪酬或法律和行政法规允许的其他方式，换言之，计划所需资金主要由员工个人出资。在这一点上和美国员工股票购买计划（ESPP）类似。美国的员工持股计划（ESOP）所需资金不需员工个人出资，资金来源于基于雇主公司信用的借贷。（2）从对计划所持股票转让是否存在限制来讲，中国上市公司员工持股计划在禁售期之后，持股计划所持股票可以买卖；美国员工股票购买计划（ESPP）在员工购买股票后，也允许员工将通过计划购买的股票售出；但是，美国员工持股计划（ESOP）一般不允许员工在雇佣期内售出名下的雇主公司股票。（3）从计划取得的股票来源看，中国上市公司员工持股计划持有的股票来源于上市公司回购本公司股票、公开二级市场的购买、认购非公开发行股票、股东自愿赠与、法律和行政法规允许的其他方式；美国上市公司员工持股计划和员工股票购买计划持有股票则是来源于上市公司定向增发的股票，之后，上市公司再从二级市场上回购股票，以保证公司股份价值不被稀释。（4）从管理模式上讲，中美两国的上市公司员工持股计划均采取了信托式管理模式，但是中国版持股计划可以由上市公司自行管理，也可以由第三方具有资产管理资质的机构管理（包括信托公司、保险资产管理公司、证券公司、基金管理公司、其他符合条件的资产管理机构）；美国版持股计划同样允许雇主公司内部人管理员工持股计划基金。前者允许持股计划买卖雇主公司股份，为避免严重的内幕交易，更需建立完善的管理规则，避免利益冲突；后者禁止员工在雇佣期内转让雇主公司股票，因此，基本不存在计划资金对雇主公司的经常性买卖行为，由雇主公司内部人管理比前者（上市公司自管的情况下）的利益冲突要少。（5）从参加持股计划的员工是否就持股计划持有个人股票账户来讲，中国上市公司员工持股计划采取的是份额式管理模式，即参加计划的员工持有的不是上市公司股票，而是员工持股计划的份额，员工持股计划以自身名义在股票市场开立账户；美国员工持股计划在内部则有两种账户，一是员工个人账户，另一个是悬置账户，持股计划按照法定和约定的赋权计划，将雇主公司股票从悬置账户分步划入员工个人账户。员工个人名下持有雇主公司股票。

因此，中国上市公司员工持股计划并不是美国员工持股计划（ESOP）或公司股票购买计划（ESPP）的简单翻版，中国上市公司员工持股计划具有足以区别其他类似制度的自身特点，从制度内容而言，中国上市公司员工持股计划与美国的员工持股计划差异很大，可以说是名似而形神都不似。从内容上看，中国上市公司员工持股计划性质上属于将募集对象范围限制于上市公司员工，将募集资金投向范围主要限制在雇主公司股票之上的特殊专项资产管理计划。

第二章　上市公司员工持股计划的设立：决策与法律架构

第一节　设立上市公司员工持股计划决策权的配置

无论在美国还是中国，员工持股计划仅仅是选择性适用的公司制度。上市公司是否采用员工持股计划取决于上市公司的意愿。关于是否建立员工持股计划的决策权，可以通过公司法规定或者是公司章程约定的形式，配置给上市公司股东大会或者董事会。股东大会和董事会都是上市公司的内部机关，在各自的法定（公司法）或章定（公司章程）职权范围内作出的决议并使之成为上市公司的意愿。

在没有法定或者是公司章程约定的情况下，员工持股计划建立的决策权的配置，不仅涉及上市公司内部股东大会、董事会之间的职权划分问题，还涉及股东或公司管理者之间既有利益格局的重新划分。首先是公司股东大会和董事会的职权划分。在此问题上，各国公司立法大致可以分为股东会中心主义和董事会中心主义两大类。有学者在三个方面总结了股东会中心主义和董事会中心主义的区别：一是是否存在授权资本制；二是利润分配决定权的归属；三是公司权力法定配置和章程配置之外的剩余权力的归属（朱慈蕴，2011）。一般而言，股东会中心主义有利于维护股东权益，董事会中心主义则有利于提高公司效率。美国公司法立法与司法实践属于典型的董事会中心主义，中国的公司法立法则仍然属于股东会中心主义。对于没有法定和章定的公司权力，出于对于立法和司法传统的路径依赖，美国公司习惯于将公司权利配置给董事会，而中国公司则恰恰相反。其次是决策的事项是否直接关系上市公司股东的重大切身利益。除法定的需要股东大会作出决议的事项外，股东大会有机会在制定和修改公司章程时，将某事项的决议权力赋予自己，如果股东大会没有这样做，则可假定为股东不认为这些决策权关系其切身利益，将这些事项的决策权力配置给董事会，有利于提高公司决策效率。

此外，上市公司员工作为上市公司员工持股计划的参加人和权利义务的承担者，是上市公司员工持股计划的直接利害关系方。员工在上市公司员工持股计划建立决策阶段的作用值得认真思考，具体讲，应当充分考虑是否赋予上市公司员工在此事项决策阶段的知情权、建议权，甚至投票权。

一、美国的立法与司法实践：董事会决议

（一）立法选择：决策权归属董事会

美国上市公司没有为员工建立持股计划的法定义务。但是一般而言，建立员工持股计划，意味着上市公司向雇员提供更好的福利待遇，因此，人才

市场的竞争会迫使雇主公司在是否采取员工持股计划问题上向同类竞争对手看齐。按照美国 1974 年《员工退休收入保障法》(ERISA)，一旦雇主公司采用了员工持股计划，就必须遵循相关法律的规定。美国的公司立法属于州法的范畴，各州的成文公司立法，对于上市公司员工持股计划决策权的归属没有明文规定；美国《标准公司法》和美国法律研究院颁布的《公司治理原则：分析与建议》对此也没有涉及。作为美国公司法的重要来源的法院判例 (Shamrock Holdings, Inc. v. Polaroid Corp) 确认该事项的决策权属于上市公司的董事会。美国上市公司实行员工持股计划，只需董事会通过相关决议，不需上市公司股东大会决议批准。

（二）司法实践：决策权之下的利益冲突及其司法救济

上市公司采纳员工持股计划，未必对上市公司员工完全有利。从前面的论述可知，美国员工持股计划的资金主要投资于雇主公司股票。这种集中投资与美国 1974 年 ERISA 对养老计划投资所要求的分散投资规则相违背。过度集中的投资必然会承担过度的风险。理论上讲，高风险投资就应该得到高回报。但参加员工持股计划的员工承担了过度的投资风险，却没能得到与之相称的投资回报。现代证券投资理论告诉我们，分散投资可以在保持投资收益的情况下，有效地降低投资风险。安然公司股价的大崩溃已经为我们敲起了警钟，在金融风暴中，参与员工持股计划的公司员工有可能在失业的同时，还失去自己大部分的养老金。此外，采纳员工持股计划通常伴随着对雇主公司提供的符合分散投资规则的其他福利计划的终止或合并，这就意味着进一步加剧了员工持股计划带来的投资高风险问题。采用员工持股计划，参加人承担了更高的风险，却没有因此换来更高的收益。

同样，美国上市公司董事会实施员工持股计划并非完全出于员工福利的目的。虽然美国上市公司董事会经常受托管理员工持股计划资金，但是，其作出的关于是否建立员工持股计划的决定，被视为其作为持股计划委托人的行为，不受 ERISA 项下受信人承担的受信义务的约束。换言之，在作出建立计划的决定时，不用完全考虑参加持股计划的员工的利益。事实上，上市公司董事会作出是否实施员工持股计划的决议时，考虑更多的不是员工的利益，而是公司本身和公司内部人的利益。具体讲，建立员工持股计划，对公司而言，可以通过借贷的形式筹集资金，[①] 而且可以因此充分享受税收优惠政策；还可以把员工持股计划用作抵御敌意收购的手段。对公司内部人（主要包括公司董事和高级管理人员）来说，员工持股计划可以让公司内部人在自身并不持有大量公司股票的情况下，有可能控制公司。例如，近年来名声鹊起的 Sam Zell，在收购论坛公司（tribune company）时，交易总价 80 亿美元，Sam 自己仅投入 3.15 亿美元，差额就是通过建立杠杆型员工持股计划的方式筹集而来。虽然 Sam Zell 自己投入的资金不多，但是仍然借助员工持股计划控制着论坛公司。上市公司实施员工持股计划，还可以提振公司股价，较高的公司股价触发了股票期权、奖金和激励条款（以公司股价表现为必要条件之一）的行使条件，公司内部人因此可以得到更多的报酬。此外，在兼并外部公司时，公司股价保持高位可以为公司内部人提供

---

① 员工持股计划是美国《员工退休收入保障法》中唯一允许使用借贷资金建立的符合税收优惠政策的退休计划。

很好的兼并对价的支付手段（以公司股票作为收购其他公司的代价），而公司兼并导致的公司资产规模的提升，反过来又成为公司内部人要求得到更高薪酬的借口。美国上市公司采纳员工持股计划的主要目的之一就是将之用作抵御外部敌意收购的工具，在很大程度上被用作公司董事“掘濠自保”（entrenchment）等为自身利益服务的工具。

综上所述，美国上市公司董事会决议采纳员工持股计划，可能是出于为公司利益的考虑（提高公司员工福利，借以提高员工忠诚度；利用员工持股计划带来的低成本融资；享受税收优惠等），也可能是出于对董事个体或公司管理阶层整体利益的考虑（内部人控制、掘濠自保等），或者是出于公司和公司管理阶层利益的双重考虑。不可否认的是，在一些特定情况下（如成为潜在的敌意收购的目标的情况下），上市公司通过采纳员工持股计划的董事会决议，的确摆脱不了“掘濠自保”的嫌疑，就要付出公司股东的现有权益或潜在的权益（如股份溢价）受损的代价。

美国公司法允许上市公司股东通过股东诉讼的方式，就董事会关于建立员工持股计划的决议提起诉讼，请求法院确认董事违反其信义义务，从而确定该决议无效。实践中，该种诉讼常被用于敌意收购人以目标公司股东名义发起的，确认目标公司董事会通过的建立员工持股计划的决议无效的情形，如 Shamrock Holdings，Inc. v. Polaroid Corp。美国法院在审理相关案件的过程中，对该类董事会决议审查适用“商业判断原则（Business Judgement Rule）”，即目标公司董事会的决议，受到“商业判断原则”的保护，法院一般会以尊重公司董事会的商业判断作为判案的出发点。但是，需要注意的是，特拉华州最高法院在 Smith v. Van Gorkom① 一案中，确立了“商业判断原则”只适用于董事会在掌握充分信息的基础上作出商业决定的场合。这就意味着，如果目标公司董事会不能证明其作出该项决议时，已经充分掌握有关信息，就不能受到“商业判断原则”的保护。

二、中国的立法选择：股东大会决议

2014 年 6 月，为了贯彻落实党的十八届三中全会和《国务院关于进一步促进资本市场健康发展的若干意见》(国发〔2014〕17 号）精神，经国务院同意，中国证监会制定并发布《关于上市公司实施员工持股计划试点的指导意见》(以下简称《试点指导意见》)，在上市公司中开展员工持股计划试点。按照该《试点指导意见》的规定，上市公司实行员工持股计划，除非公开发行之外，证监会不设行政许可，由上市公司股东会决议通过。

上市公司员工持股计划在设立程序上要经过征求意见、董事会决议、股东会决议、上市公司信息披露四大步骤。上市公司在实施员工持股计划前，应当通过职工代表大会等组织充分征求员工意见；上市公司董事会决议通过实施员工持股计划，提出并通过员工持股计划草案；董事会将员工持股计划草案提交股东大会表决通过。独立董事和监事会应当就员工持股计划是否有利于上市公司的持续发展，是否损害上市公司及全体股东利益，公司是否以

① 488A. 2d 858 (Del.1985).

摊派、强行分配等方式强制员工参加本公司持股计划发表意见。上市公司应当在董事会审议通过员工持股计划草案后的两个交易日内，公告董事会决议、员工持股计划草案摘要、独立董事及监事会意见及与资产管理机构签订的资产管理协议。此外，上市公司应当聘请律师事务所对员工持股计划出具法律意见书，并在召开关于审议员工持股计划的股东大会前公告法律意见书。员工持股计划拟选任的资产管理机构为公司股东或股东关联方的，相关主体应当在股东大会表决时回避；员工持股计划涉及相关董事、股东的，相关董事、股东应当回避表决；公司股东大会对员工持股计划作出决议的，应当经出席会议的股东所持表决权的半数以上通过。需要注意的是，如果员工持股计划采取定增发行的办法获取上市公司股票，则另外需要取得证监会的行政许可。

前文提及的美国员工股票购买计划（ESPP）的建立决定权归属上市公司股东大会，① 其立法理由是美国 ESPP 赋予员工以折扣价格购买公司股票的权利，相当于稀释了原有股东的权益，所以要先经股东大会决议通过。中国上市公司员工持股计划资金来源于员工合法薪酬和法律、行政法规允许的其他方式；购买公司股票时也没有享受折扣价，如果资金来源没有损害上市公司原股东的任何利益，且为上市公司股票提供了稳定的买方资金，一般而言，效果上会促进该公司股价的稳定与增长。因此，证监会《试点指

① 在员工股票购买计划采用之前或者之后 12 月内，由上市公司股东大会批准。参见 NECO 网站：http://www.nceo.org/articles/stock-options-restricted-phantom-sars-espps，访问日期：2017 年 7 月 9 日。

导意见》要求上市公司员工持股计划需要股东大会通过决议就显得理由不够充分。笔者认为，应当在区分员工持股计划的资金来源的基础上分别对待，即：如果员工持股计划的资金来源没有给上市公司带来负面负担（如需要上市公司出资或需要上市公司担保获取资金），且股票不是来源于上市公司回购，则可考虑将决策权下放到董事会，以简化决策程序。

三、赋予上市公司员工决策权的理论探讨

如前所述，在上市公司员工持股计划的建立决定权问题上，美国公司董事会拥有决定权，中国上市公司则是股东大会拥有决定权。但是作为直接的利益相关方的员工仅有建议权（或被咨询权、被征求意见权）和对是否参加员工持股计划的选择权，而没有决策的权力，这对员工不公平。而且，在实际操作中，美国上市公司采用员工持股计划，一般以终止或削减已有的其他员工福利计划为代价，因此，即使是不参加员工持股计划的员工，其自身利益也会在一定程度上受到员工持股计划的影响。因此，有美国学者认为，应当赋予员工就公司是否采纳员工持股计划进行投票的权利（Ezra S. Field，1997）。但是，有关赋予员工决策权的方案在实践中并非没有瑕疵，主要是因为很多员工不能充分理解员工持股计划的风险，因而未必能够作出正确的选择。还有美国学者认为，应当让公司员工决定是否建立员工持股计划或者是否终止已经存在的员工持股计划（Sean M. Anderson，2009）。在实际操作中，大多数美国上市公司会在建立员工持股计划之前征求员工的意见，同

时告知员工持股计划的内容，尤其是告知计划所固有的风险，征求员工对计划内容的意见和建议。但是，很多公司员工不能完全理解员工持股计划固有的投资风险，或是出于对公司管理层的信任，或是出于对公司发展前景的信心，在行使表决权时，公司员工未必能够正确对待员工持股计划的投资风险。因此，有美国学者建议立法明确要求公司管理层在员工表决前充分披露员工持股计划所面临的投资风险，并给予员工必要的知识培训（Sean M. Anderson，2009）。

在是否设立员工持股计划问题上，中国证监会颁布的《试点指导意见》赋予上市公司员工一定的建议权。按照规定，上市公司需要在设立员工持股计划之前先通过工会等组织征求公司员工意见，但仅仅是建议权，员工建议是否会被采纳取决于公司董事会。

第二节 上市公司员工持股计划的参与方

一、美国上市公司杠杆型员工持股计划的参与方

美国上市公司一般采用杠杆型员工持股计划。杠杆型员工持股计划有四方当事人：作为发起人的雇主公司（sponsoring employer）、参加计划的员工（participants）、员工持股计划信托基金（ESOP trust）、外部贷款金融机构（lender）。雇主公司发起成立员工持股计划信托基金并作为基金的委托人（settlor），参加员工持股计划的员工作为该信托基金的受益

人（beneficiary），外部金融机构作为购买雇主公司股票所需资金的贷款人。借贷资金运作的具体程序如下：一种是员工持股计划信托基金向金融机构借款，[①] 雇主公司提供担保，[②] 贷款专用于购买雇主公司股票；股票在分配给员工之前，放置在信托基金名下的悬置账户（suspending account）上，用作偿还贷款的担保物（collateral）；雇主公司按照信托基金持有的股票数额每年向信托基金分红（dividend），用于偿还金融机构的贷款。信托基金每偿还一部分贷款本息，就会相应释放一部分用作担保物的雇主公司股票（release of collateral）；信托基金把释放的雇主公司股票按照一定标准在一定年限内分配到参加计划的员工的个人账户（individual account）。另一种资金运作程序是雇主公司以自己的名义向贷款机构借款，然后将借款转贷给员工持股计划信托基金；在这种情况下，雇主公司和贷款机构之间的贷款条件，与雇主公司和员工持股计划信托基金之间的贷款条件要完全一致。因此，这种间接贷款又被称作“镜子贷款”（mirror loan）（Steven J. Arsenault，2000）。

美国上市公司选择采用杠杆型员工持股计划的原因在于：第一，利用外部借贷资金建立员工持股计划，不会给公司和股东增加财务上的负担，符合“股东中立”（shareholder neutral rule）规则[③]；第二，上市公司支付给员工

---

① 依照 1974 年 ERISA 规定，该种贷款对员工持股计划没有追索权，但可要求以贷款购买的雇主公司股份作为担保物。

② 1974 年《员工退休收入保障法》406（a）(1)(B）禁止雇主公司向退休金计划贷款或提供担保，但对员工持股计划网开一面。

③ 股东中立规则是美国法院判断公司董事会采用员工持股计划是否合法的标准之一，审核的主要内容是员工持股计划的建立没有给公司股东造成财务上的负担。

持股计划用于偿还贷款或分配给参加计划员工股息（dividend）依法享受税前收入扣减待遇。这样，上市公司既可以享受税收优惠，又可以获得低成本的流动资金。

二、中国上市公司员工持股计划的参与方

员工持股计划是一种有组织的团体活动，员工个人通过公开二级市场购买雇主公司股份不属于员工持股计划的范围。目前存在于中国上市公司的有组织的员工持股大部分是在1998年年底证监会叫停职工股之前已经存在的职工股，后来作为特例被允许上市。2000年，证监会取消了职工持股会和工会作为上市公司发起人的资格。2006年公司法和证券法修订后，把公开上市发行的股份有限公司发起人数限制在200人以下。目前，证监会仍持限制员工持股计划作为上市公司发起人的态度，要求拟上市公司在上市前必须先要清理已经存在的员工持股。拟上市公司在上市前对原有的职工持股进行清理，实践中大致有三种方式：第一种是清退，要求员工将所持股票转让给其他公司或个人，转让价格按公司净资产为计算基础；第二种是通过员工以工会名义设立有限公司，作为拟上市公司的股东，员工透过这些有限公司间接持有拟上市公司的股份，如平安股份有限公司的员工以工会名义持有新豪时等三家有限责任公司的股权，间接持有中国平安股票。第三种是通过信托方式持有准上市公司的股份，如广发证券的股权激励集合信托。

在已上市公司实施员工持股的制度建设方面，2014年6月证监会颁布

的《试点指导意见》，适用的对象为已上市公司。《试点指导意见》规定的上市公司员工持股计划，有三方当事人：作为雇主的上市公司，作为计划参加人的员工，作为计划基金日常管理人的资产管理公司（或者上市公司也可选择自己管理员工持股计划）。中国的员工持股计划没有法定的外部购股资金提供方，购股资金来源于员工合法薪酬或法律行政法规允许的其他方式（如个人借贷、大股东送股、大股东或上市公司担保下的借贷等）。

第三节　上市公司员工持股计划的法律架构

一、员工持股计划的制定程序与法律性质

美国 1974 年的《员工退休收入保障法》规定了法定退休计划的基本要求，退休计划只有符合法定条件，才能享受法律规定的优惠待遇。作为退休计划的一种，员工持股计划要遵循《员工退休收入保障法》的基本要求。员工持股计划的内容、各主体（上市公司和参加计划的员工之间、参加计划的员工之间、参加计划的员工与持股计划管理人之间）的权利义务关系等，由员工持股计划文件（plan documents）约定。除法律强制性要求的内容之外，计划文件由发起员工持股计划的上市公司制定，在制定过程中，员工对文件内容没有法定或约定的知情权、建议权和决定权，是被动的接受者。

中国证监会颁布的《试点指导意见》中的《员工持股计划》是上市公司规范员工持股计划的主要文件。从制定程序上讲，上市公司董事会负责提

出员工持股计划文件草案，并提交上市公司股东大会表决。独立董事和监事会应当就员工持股计划是否有利于上市公司的持续发展，是否损害上市公司及全体股东利益，公司是否以摊派、强行分配等方式强制员工参加本公司持股计划发表意见。上市公司还应当聘请律师事务所对员工持股计划文件出具法律意见书，并在召开关于审议员工持股计划的股东大会前公告法律意见书。①

从员工持股计划的文件内容来看，主要规范了员工持股计划当事方，即上市公司和参加计划的员工之间的权利义务内容；从持股计划文件的制定来看，无论是上市公司股东大会通过决议，还是上市公司董事会通过决议，最后形成的都是上市公司的意思表示，区别在于上市公司意愿的形成程序和作出机关不同，对于上市公司之外的相对方而言，没有实质性的区别。除上市公司之外，员工持股计划文件的另一参与方是参加计划的员工，员工持股计划文件对上市公司员工形成法律约束的条件是员工作出参加计划的意思表示。因此，笔者认为，员工持股计划文件在法律性质上属于上市公司制定的格式合同文本，在员工确认参加并足额缴款之前，属于上市公司对员工的要约。一般而言，员工持股计划成立（以股东大会决议通过为标志）后，持股计划参加人如果没有按照约定期限缴清认购资金，则产生自动丧失相应的认购权利的法律后果。可以认为，这是一种实践合同。此外，员工持股计划具有格式合同的性质。格式合同是当事人为了重复使用而预先拟定，并在订立

① 《关于上市公司实施员工持股计划试点的指导意见》第（八）、（九）、（十）、（十一）款。

合同时未与相对人协商内容的合同，其主要特点是剥夺了潜在的承诺人参与合同内容谈判的权利，承诺人只有承诺格式合同全部内容，或者拒绝签署格式合同的选择权。上市公司有潜在的利用制定员工持股计划文件条款的机会，特别保护公司或公司管理层利益的冲动，这显然不利于保护作为相对方的员工的合法权益。

二、员工持股计划的主要制度内容

按照证监会《试点指导意见》的要求，员工持股计划草案至少要包括以下内容：员工持股计划的参加对象及确定标准、资金、股票来源；员工持股计划的存续期限、管理模式、持有人会议的召集及表决程序；公司融资时员工持股计划的参与方式；员工持股计划的变更、终止，员工发生不适合参加持股计划情况时所持股份权益的处置办法；员工持股计划持有人代表或机构的选任程序；员工持股计划管理机构的选任、管理协议的主要条款、管理费用的计提及支付方式；员工持股计划期满后员工所持有股份的处置办法；其他重要事项。[①] 以下采取比较法的视角，简要介绍员工持股计划中的主要内容。

（一）员工参加持股计划的参加对象及确定标准

美国法通常强调员工持股计划覆盖员工范围的广泛性（broad-based）。作为 1974 年 ERISA 规定的养老计划，员工持股计划参加人首先要符合

① 《关于上市公司实施员工持股计划试点的指导意见》第（九）款。

ERISA 的有关参加人资格的规定。ERISA 要求参加员工要达到 21 岁并且为雇主公司工作一年以上，才有资格参加养老计划。美国“员工持股计划”对参加员工的资格有年龄和服务期限的限制。员工参加资格条件包括：21 岁以上，为公司工作 1 年以上且该年内工作时间超过 1000 小时。在满足以上条件的基础上，一般要在下一年的 1 月 1 号或者是 7 月 1 号参加计划。美国法定成人年龄是 18 岁，但是，不少美国法案都以 21 岁作为公民享受相应权利的年龄标准。① 工作年限的要求出于衡量参加人企业忠诚度的考虑，以员工为企业工作的年限为衡量标准。只要符合上述年龄和工作年限的条件，无论公司高管或普通员工均可参加计划。美国 ESPP（“员工股票购买计划”）规定参加员工必须在本公司全职工作满两年以上，其每周工作不低于 20 小时，每个自然年度至少工作满 5 个月。高收入员工不必遵守这一规则。此外，持有公司或其母公司及子公司的投票权 5% 以上的员工不能参加 ESPP。需要强调的是，参加持股计划属于员工的自愿行为，符合条件的员工也可以选择不参加。

中国上市公司员工持股计划之中，员工是否参加上市公司员工持股计划，要秉承依法合规、自愿参与和风险自担三个原则。依法合规原则是指上市公司实施员工持股计划，应当严格按照法律、行政法规的规定履行程序，真实、准确、完整、及时地实施信息披露。任何人不得利用员工持股计划进行内幕交易、操纵证券市场等证券欺诈行为。自愿参与原则是指上市公司实

① 参见李路：《各国成人年龄都是多少岁》，《环球时报》2008 年 10 月 10 日。

施员工持股计划应当遵循公司自主决定，员工自愿参加，上市公司不得以摊派、强行分配等方式强制员工参加本公司的员工持股计划。风险自担原则是指持股计划参与人盈亏自负，风险自担，与其他投资者权益平等。

在员工参加计划的对象的资格方面，《试点指导意见》没有限制，只规定员工持股计划的参加对象为公司员工，包括管理层人员。也就是说，公司高管、普通员工均可参加，也没有为公司服务年限的法定要求。员工持股计划一般在参加员工的范围方面带有一定的普惠性。但是需要着重指出的是，上市公司在制定员工持股计划时，有权自行决定参与员工持股计划的对象和条件。相比于员工有权选择是否参加员工持股计划，上市公司同样没有义务将员工计划覆盖全体公司员工。上市公司可以选择将员工持股计划对象覆盖公司全体员工，也可以只覆盖普通员工（不含董事、监事和高管），也可以仅覆盖部分董事、监事和高管，或者覆盖一定条件的普通员工和公司高管；各类适用对象购买员工持股计划份额的比例也由上市公司自行确定（具体而言，实质上是董事会确认，股东大会决议认可）。实践中，除个别上市公司外，目前上市公司推出的绝大多数员工持股计划都未设定业绩条件。反之，就服务期限条件而言，以非公开发行方式获得上市公司股票的员工持股计划中，有部分计划未设定服务期限条件（如国星光电）；除此之外，绝大部分员工持股计划都规定了服务年限。总之，关于员工持股计划参加对象范围的确定，属于上市公司的自由裁量权。

（二）员工持股计划的资金来源

美国上市公司的员工持股计划一般属于杠杆型，实施计划的资金主要来自公司外部的贷款，员工基本上不需要个人出资。实践中，为了按时偿还外部贷款的本金和利息，公司一般还会削减参加计划员工的工资（pay cut）或者减少员工工资的增长幅度，以此为员工持股计划筹集一部分资金。① 从这个意义上讲，除外部借款外，少部分实施计划的资金来源于参加计划的员工。

依照证监会《试点指导意见》，中国上市公司员工持股计划购买股票的资金来源于参加计划的员工合法薪酬，以及法律、行政法规允许的其他方式。②《试点指导意见》没有说明“员工合法薪酬”是税前收入还是税后收入。考虑到中国证监会无权就税务问题发布规范性文件，应该推定是税后现金薪酬。关于何为法律、行政法规允许的其他方式，根据目前上市公司推行员工持股制度的实践，一是员工自筹。目前不少员工持股计划在资金来源上采取了员工自筹的方式，员工使用合法薪酬及其他自行筹措的资金参与员工持股计划。二是控股股东提供借款或为员工借款。提供担保部分员工持股计划以员工自筹与股东借款相结合的方式获取资金，除部分资金由员工自筹外，大部分资金来源于控股股东提供的借款，常见的方式是控股股东以其持有的上市公司股票向证券公司进行质押融资，取得的资金向员工持股计划提供借款支持。这类员工持股计划中，有的上市公司在方案中明确了股东借款为免息借款，期限为员工持股计划的存续期间（如朗姿股份）；而另有一些上市公司则未明确股东借款的期限及利息安排（如苏宁云商、通源石油）。

---

① 例如，1988 年宝丽来（Polaroid）公司的员工持股计划的资金来源即是如此。

② 《关于上市公司实施员工持股计划试点的指导意见》第（五）款。

与上述控股股东直接提供借款相类似，有的员工持股计划由员工直接向证券公司融资，控股股东以其持有的上市公司股票为该融资提供质押担保（如海普瑞）。三是上市公司提取奖励基金。有一些上市公司选择设立奖励基金，按照公司上年度净利润的一定比例提取基金，专项用于员工持股计划（如龙净环保、伊利股份）。

相比之下，美国 ESPP 购买股票的资金来源于公司对员工的税后收入一部分的扣除，扣除收入的“给定期间”（offering period）为 3—27 个月；扣除收入期间，允许员工变更其每月扣款的金额。[①] 依照美国《国内税收法》第 423 条规定，在 ESPP 存续期内，工资扣减最低标准为工资的 1%，最高标准为工资的 15%。员工缴费每年计划扣款不得超过 25000 美元。这一规定主要为了防止高管与普通员工之间的贫富悬殊过大，或是存在歧视性分配政策。

（三）员工持股计划的股票来源、持股规模和定价

理论上，员工持股计划获取上市公司股票的途径有三种：一是从二级市场上直接购买；二是公司库藏股；三是购买公司新发行的股票。直接从二级市场回购公司股份会减少公司发行在外的股票数量，容易引起股价的大幅波动。发行公司库藏股会稀释股票每股收益，引发老股东的不满。因此，大多数美国上市公司会为员工持股计划定向增发新股。

上市公司股票种类可分为普通股（common）、优先股（preferred）和

---

① 参见 http://www.nceo.org/articles/stock-options-restricted-phantom-sars-espps，访问日期：2017 年 1 月 9 日。

可转换优先股（convertible preferred）三种。每一种股票都有其优点和缺点。对员工而言，普通股易于理解，还能给员工带来较大的股本收益，但同时也可能带来损失。优先股和可转换优先股的优点是可以获得较高的股息，在公司清算时有优先权。但上市公司设立优先股的程序较为复杂，需要注册新类型的股票，员工持股计划的建立程序也随之复杂化。与普通股相比，优先股或优先转换证券的特殊性会增加公司向员工解释的困难度。

美国上市公司的一般做法是向员工持股计划定向增发公司优先股，然后使用发行新股所得（proceeds）从公开的二级市场上回购公司普通股（Gianna Durso，1990）。这种做法出于多重考虑：一是充分利用美国税法给予杠杆型员工持股计划的税收优惠。上市公司向员工持股计划定向发行优先股，由于优先股股息较高，按照美国税法，上市公司有权把向员工持股计划所持股票支付的股息从毛收入中做税前扣减，相当于上市公司用税前收入偿还员工持股计划的贷款，不仅减少了公司的现金支出，还可以节约原本需要用税后利润支付给普通股股息的成本。二是与普通股相比，优先股每年优先分取固定股息，可以为偿还员工持股计划贷款提供稳定的资金；在贷款偿清之后，还可以让员工每年得到固定的股息收入。在员工持股计划禁止员工转让股票的情况下，固定的股息收入有助于保持员工对持股计划的认同感。三是增发新股会稀释公司股票的价值，容易引起现有股东的不满。使用发行新股所得收益回购普通股可以保持公司发行在外的股票数量不增加；由于优先股的价格一般高于普通股，这就意味着发行优先股所得价款可以回购更多数量的普通股，公司发行在外的股份数量不增反降，相当于增加了每股收益，提高了股票的市场价值。

关于向员工持股计划定向发行股票的定价标准，一般以上市公司股票在二级公开市场上的公开价格为准。但是，在某些情况下，上市公司的股票价格会出现异常，这时的价格可能就不是股票的公允价格。例如，在面临公开收购时，目标公司股票的价格会出现上涨，这实际上是公司控制权转让所带来的溢价，如果以这个时间段的股价作为员工持股计划购买公司股票的价格，那么一旦收购不成功，公司股价会在短时间之内大幅下跌，员工持股计划所持公司股票价值会损失较大，损害员工的利益。因此，有美国学者认为，员工持股计划购买上市公司股票的价格，不能完全依照当时公开股票市场的股票价格，在某些情况下，存在股价评估问题，应当聘请专业的评估公司，参考同类上市公司正常情况下的股价，综合评定持股计划购买股票的公允价格（Richard S. Braun，1990）。

证监会《试点指导意见》规定，员工持股计划可以通过以下方式解决股票来源：（1）上市公司回购本公司股票；（2）二级市场购买；（3）认购非公开发行股票；（4）股东自愿赠与；（5）法律、行政法规允许的其他方式。上市公司回购本公司股票并作为员工持股计划的股票来源奖励给参加持股计划的公司员工，需要遵守《公司法》第142条规定，经过公司股东大会决议通过；且不得超过本公司已发行股票总额的5%；用于收购的资金应当从公司的税后利润中支出；所收购的股票应当在一年内转让给员工。

从上市公司的实践看，员工持股计划主要有以下方式获取股票：第一，非公开发行。员工持股计划认购上市公司非公开发行的股票。即上市公司定向增发，员工持股计划作为唯一或之一的投资人。大部分上市公司是单独向员工持股计划定向发行股票，也有上市公司是由员工持股计划认购重大资产重组配套融资中非公开发行的股票，（如联建光电）；或者向员工持股计划定向发行股票，同时以相同的价格向其他投资者非公开发行股票以募集资金（如荣科科技）。根据上市公司非公开发行股票的相关规定，这类计划中认购上市公司股票的价格不低于定价基准日前 20 个交易日股票交易均价的 90%，定价基准日前 20 个交易日股票交易均价 = 定价基准日前 20 个交易日股票交易总额 / 定价基准日前 20 个交易日股票交易总量。按照证监会 2017 年新规定，定价基准日只能为本次非公开发行股票发行期的首日。①第二，通过二级公开市场购买。二级公开市场购买可以通过公开竞价、协议转让和大宗交易的方式购买股票，定价是当天的市场价或协议价格。二级公开股票市场购买上市公司股票是员工持股计划经常采用的股票获得方式。这类员工持股计划的常见方案是，员工持股计划在设立后委托第三方资产管理公司管理，并由资产管理公司设立资产管理计划，一般方法是成立定向资产管理计划。资产管理计划的主要投资范围为购买和持有该上市公司的股票，其份额之间可以不分级，也可以分级；分级的结构性资产管理计划，一般分为优先级和劣后级（或次级），员工持股计划的资金用于全额认购资产管理计划中的劣后级或次级份额。分级的目的是加杠杆，优先级份额按照约定的固定收益率优先获取收益，资产管理计划的总资产扣除优先级份额本

---

① 参见 2017 年 2 月 17 日，证监会发布的《上市公司非公开发行股票实施细则》修订稿。

金及固定收益后的剩余资产归次级份额所有。通过资产管理计划的份额分级，员工持股计划的收益或损失被扩大：若股价上升且涨幅超过优先级份额的固定收益率，则员工持股计划享有的收益超过上市公司的股票涨幅；反之，若股价下跌或虽上升但幅度低于优先股份额的固定收益率，员工持股计划承担的损失则大于上市公司的股票跌幅或享有的收益低于股票涨幅。这类员工持股计划中，较为常见的安排是上市公司的大股东为资产管理计划中优先级份额的本金及收益提供担保，以此来保证优先级份额的权益。有的资产管理计划的次级份额进一步分为次级A、次级B，分别由员工持股计划及上市公司控股股东出资认购（如翰宇药业），次级B在偿付本金及分享收益的顺序上劣后于优先级和次级A。通过安排，上市公司控股股东不仅进一步为优先级的权益提供了保证，而且在一定程度上减少了员工持股计划承担的股票价格下跌风险。第三，上市公司控股股东将自己持有的上市公司股票无偿赠与部分上市公司员工。该种安排的持股计划的股票来自控股股东的无偿赠与。例如，大北农、三六五网、大富科技等上市公司的员工持股计划中，控股股东自愿将其持有的部分股票无偿赠与员工。第四，上市公司控股股东定向转让股票。有些员工持股计划通过定向受让上市公司控股股东持有的股票方式获得股票。例如，朗姿股份推出的员工持股计划中，员工定向协议受让控股股东持有的朗姿股份股票，但该计划未明确转让价格或相关定价原则。

《试点指导意见》规定，上市公司全部有效的员工持股计划所持有的股票总数累计不得超过公司股本总额的10%，单个员工所获股份权益对应的股票总数累计不得超过公司股本总额的1%。员工持股计划持有的股票总数不包括员工在公司首次公开发行股票上市前获得的股份、通过二级市场自行购买的股份及通过股权激励获得的股份。立法的主要目的是防止公司高管利用员工持股计划从股权结构上控制上市公司。

与我国上市公司员工持股计划类似的美国员工股票购买计划（ESPP），ESPP股票的种类可以是普通股、优先股和可转化优先股，股票主要来源于上市公司对ESPP定向增发的优先股。按照美国国内税法规定，ESPP购买公司股票享受折扣价格，但价格不能低于该股票公平市价的85%；关于公平市场价的确定时点，可以是“给定期限”开始之日，也可以是“给定期限”结束之日，员工有权选择两个时点中市场价格较低的一个；如果ESPP约定的给定时间（也是扣款时间）超过27个月，则ESPP购股的价格只能按照公开的市场价格进行。

（四）股票分配标准和赋权安排

员工持股计划的股票分配标准是指雇主公司依据的向参加计划的员工分配多少雇主公司股票的标准。员工持股计划不需员工个人出资购买公司股票，那么如何分配股票就成了员工关注的大问题。分配标准有员工工作年限、工作贡献、工资等多种标准。在确定员工工资标准时，公司会考虑员工的工作能力、工作贡献、工作年限等多重因素。因此，员工工资标准是一个现成的综合标准。美国上市公司一般采用员工工资标准作为员工计划股票数额的基本分配标准。

按照是否已经划入员工个人账户的标准，员工持股计划获取的公司股票分为已分配（allocated）股票和未分配（unallocated）股票两种。已经划入员工个人账户的公司股票属于已分配股票，尚在员工持股计划信托基金悬置账户（suspending account）的属于未分配股票。所谓赋权安排（vesting schedule）是指员工持股计划规定在何时、以何种步骤将持股计划持有的雇主公司股票划至员工个人账户。已经分配到员工个人账户的雇主公司股票，即属于员工个人所有，即便员工离职，公司也不能将这些股票收回（non-forfeitable）。在美国法律对赋权计划有明确规定之前，一些美国公司的员工持股计划规定只有在员工退休前才把股票划入员工个人账户，或者规定员工要达到很长的工作年限才把公司股票划入员工个人账户；在此之前，一旦离职或被解雇，员工就会失去还没有划入其个人账户的公司股票。类似规定实际上限制了员工自主择业的权利。

1974 年美国《员工退休收入保障法》规定，所有的退休金计划必须要有合理的赋权安排。2006 年的《退休金保障法》修改了“确定缴费计划”养老金（含“员工持股计划”）中关于赋权安排的规定，要求 2006 年 12 月 31 日之后的缴费（contribution）必须选择以下两种赋权安排期限之中的一种：一是三年期的赋权计划，又称“悬崖赋权计划”（three-year cliff vesting）。按照该计划，雇主公司在第三年之前不向员工个人账户划转任何公司股票，在第三年当年将持股计划员工应得的全部公司股票一次性划入员工个人账户。二是六年期的赋权计划，又称“逐级赋权计划”（six-year gradcd vesting）。按照该计划，雇主公司在员工工作第二年后，每年将雇员名下不少于 20% 的公司股票划入员工个人账户，员工工作六年后，其名下公司股票全部划入其个人账户。① 三年期或六年期的赋权计划是法律对持股计划赋权期限的最低要求，公司持股计划文件可以给予员工更短的赋权期限。如果员工在其名下股票全部划入个人账户之前离职，则尚未划入员工个人账户的公司股票收回，在其他参加计划的员工之间重新分配。

需要注意的是，杠杆型员工持股计划使用外部贷款购买公司股票，在贷款还清之前，使用贷款购买的公司股票作为贷款的担保物存放在计划的悬置账户之中。大部分上市公司持股计划的贷款偿还期限一般为 7—15 年，这就意味着，虽然有法定赋权安排的最低期限要求，但在贷款没有还清之前，用作担保物的相应的那部分股票仍然不能划入员工个人账户。

我国法律对上市公司员工持股计划是否有赋权安排没有规定，上市公司对此有权自行安排，并在上市公司员工持股计划中加以规定。大部分上市公司的持股计划对于员工持股计划到期后的收益分配没有附加条件，也有一些公司对此有附加条件，如公司业绩增长需要达到一定标准，或个人业绩考核达标等，作为收益分配的条件等，如杰克缝纫机发布的 2017 年员工持股计划。

（五）员工持股计划的持股期、存续期、锁定期、变更与终止

员工持股计划的持股期与存续期。员工持股计划的持股期是持股计划持有上市公司股票的期限，从上市公司股东大会通过员工持股计划草案并将员工持股计划取得的股票过户到员工持股计划名下起算，到员工持股计划卖出

---

① 2006 年 12 月 31 日之前采用“五年期悬崖计划”和“七年期逐级计划”。

全部上市公司股票之日为止。《试点指导意见》规定，每期员工持股计划的持股期限不得低于12个月，以非公开发行方式（定向增发）实施员工持股计划的，持股期限不得低于36个月，自上市公司公告标的股票过户至本期持股计划名下时起算；上市公司应当在员工持股计划届满前6个月内公告到期计划持有的股票数量。[①] 员工持股计划存续期可以等于或大于持股期。员工持股计划的存续期大于锁定期，原因是在锁定期到期后，员工持股计划需要一定的期限来处置员工持股计划持有的上市公司股票。因此，上市公司员工持股计划的存续期一般要大于12个月，以定增形式购买上市公司股票的员工持股计划存续期一般大于36个月。

员工持股计划的锁定期。锁定期内，员工持股计划不得卖出持有的上市公司股票。锁定期自上市公司公告最后一笔标的股票过户至员工持股计划名下时起算。《试点指导意见》没有规定员工持股计划的锁定期。一般而言，根据取得股票的不同方式，上市公司会规定一定期限的锁定期。如员工持股计划通过二级市场购买、上市公司回购和股东赠与方式所获得的标的股票的锁定期为12个月，自公司公告最后一笔标的股票登记过户至员工持股计划名下时起算。如员工持股计划通过定增方式取得股票，则法定的锁定期最低为12个月或36个月。[②] 除此之外，为避免内幕交易，员工持股计划在下列期间不得买卖公司股票：（1）公司定期报告公告前30日内，因特殊原因推

---

① 《关于上市公司实施员工持股计划试点的指导意见》第（六）款。

② 《上市公司证券发行管理办法》第38条规定，上市公司非公开发行股票，应当符合下列规定："……（二）本次发行的股份自发行结束之日起，12个月内不得转让；控股股东、实际控制人及其控制的企业认购的股份，36个月内不得转让"。

迟公告日期的，自原公告日前30日起至最终公告日；（2）公司业绩预告、业绩快报公告前10日内；（3）自可能对公司股票交易价格产生重大影响的重大事项发生之日或在决策过程中，至依法披露后2个交易日内；（4）相关法律法规、证监会和深交所规定的不得买卖公司股票的其他情形。员工持股计划买卖股票之前一般要咨询上市公司董事会秘书，询问是否处于消息敏感期。

员工持股计划的变更。在员工持股计划的存续期内，员工持股计划的变更须经出席持有人会议的持有人所持半数或三分之二（具体比例取决于员工持股计划的规定）以上份额同意并提交公司董事会审议，通过方可实施。

员工持股计划的终止。员工持股计划因持续期届满而自行终止。如相关法律、行政法规、部门规章、规范性文件对标的股票的转让作出限制性规定，① 导致标的股票无法在员工持股计划存续期届满前全部变现的，或因股票流动性不足等市场原因导致标的股票未在存续期届满前全部变现的，员工持股计划的存续期限将按照规定程序延长（如亿阳信通）。员工持股计划的锁定期期满后，在集合资金信托计划资产均为货币性资产时，员工持股计划可提前终止。员工持股计划的存续期届满前，经出席持有人会议的持有人所持半数或三分之二（具体比例取决于员工持股计划的规定）以上份额同意并

---

① 例如2017年5月26号证监会颁布的修订版《上市公司股东、董监高减持股份的若干规定》，拉长了定增形式购买上市公司股票员工持股计划的变现时间，减持新规发布之后，定增减持的数量与时间有了双重“门槛”：一是通过集中竞价交易减持上市公司非公开发行股份的，在解禁后12个月内不得超过其持股量的50%。二是通过大宗交易方式减持的，受让方在受让后6个月内，不得转让所受让的股份。

提交公司董事会审议通过后，员工持股计划的存续期可以延长。

（六）员工持股计划存续期内员工权益的处置

员工持股计划的实施目的之一是用股票将员工和公司利益捆绑在一起，借以提高员工对公司的忠诚度和公司的生产效率。因此，美国上市公司员工持股计划对参加计划的员工通过持股计划获得的雇主公司股票的转让规定了限制条件，即在员工在职期间不得转让。在员工退休、离职、残疾（disabilities）、死亡四种情况下，已经分配到员工个人账户上的公司股票可以转让变现。变现的方式对上市公司股票而言相对简单，在公开的股票市场上出售即可。① 上市公司股东通过在二级市场上买卖股票，对公司管理层的表现作出评价。但是，作为员工股东，其通过持股计划持有的公司股票，不能通过市场随意买卖，不能通过此种方式对管理层的进行监督，因此，股票市场的信号功能受到影响。美国 ESPP 对于员工购股后的持股时间没有强制性限制要求，员工可以自主选择立即卖出股份或者选择持有一段时间。② 如果要享受税收优惠（卖出后的收入按照资本利得税税率征税），那么，持股时间必须达到一年并且在给定期限的第一天起达两年。③

中国上市公司员工持股计划在存续期内，参加计划的员工按照持有的持股计划份额享有标的股票的权益；在符合员工持股计划约定的情况下，该权

① 此部分参考美国员工持股计划协会网站介绍，http://www.esopassociation.org/explore/how-esops-work，访问日期：2017 年 1 月 6 日。

② 参见：http://www.nceo.org/articles/choosing-employee-stock-plan，访问日期：2017 年 1 月 9 日。

③ 参见：http://www.nceo.org/articles/stock-options-restricted-phantom-sars-espps，访问日期：2017 年 1 月 9 日。

益可由员工自身享有，也可以转让、继承。员工通过持股计划获得的股份权益的占有、使用、收益和处分的权利，可以依据员工持股计划的约定行使；参加员工持股计划的员工离职、退休、死亡以及发生不再适合参加持股计划事由等情况时，其所持股份权益依照员工持股计划约定方式处置。①

（七）员工持该股计划管理人、员工持股计划持有人会议和投票权

员工持股计划基金由受信人（fiduciary）负责管理。美国上市公司员工持股计划基金受信人一般在持股计划文件中加以规定，不需要征求参加计划的员工的意见。受信人可以是公司内部人，也可以是外部人。内部人指在公司内部任职的高管个人或多人组成的受信人委员会（ESOP Trustee Committee），外部人包括各种公募或私募基金、保险公司等机构。在内部

① 《关于上市公司员工持股计划试点的指导意见》第（七）款。康得新2017年员工持股计划的相关规定具有代表性："在本计划存续期内发生如下情形的，公司有权取消该持有人的参与资格，并将其持有的员工持股计划权益作为预留部分，原持有人按转让时认购份额净值或初始认购成本孰低转让给持有人代表指定的具备参与资格的受让人：（1）持有人辞职或擅自离职的；（2）持有人在劳动合同到期后拒绝与公司或下属子公司续签劳动合同的；（3）持有人劳动合同到期后，公司或下属子公司不与其续签劳动合同的；（4）持有人与公司或下属子公司解除劳动合同的，包括但不限于持有人被追究刑事责任被解除劳动合同，持有人因违反法律、行政法规或公司或下属子公司规章制度被解除劳动合同的，持有人严重失职，营私舞弊，给公司或下属子公司造成重大损害而被解除劳动合同的以及其他依据法律规定公司或下属子公司可以解除劳动合同的情形等；（5）持有人出现重大过错或业绩考核不达标等原因而被降职、降级，导致其不符合参与条件的。4.持有人所持权益不作变更的情形：（1）职务变更：存续期内，持有人职务变动但仍符合参与条件的，其持有权益不作变更；（2）丧失劳动能力：存续期内，持有人丧失劳动能力的，其持有权益不作变更；（3）退休：存续期内，持有人达到国家规定的退休年龄而退休的，其持有权益不作变更；（4）死亡：存续期内，持有人死亡的，其持有的员工持股计划权益不作变更，由其合法的继承人按法规继承并享有；该等继承人不受本计划参与资格限制；（5）持有人会议认定的其他情形。5.其他未尽事项，由持有人代表根据法律法规的相关规定决定。"

人作为受信人的情况下，由于受信人的双重身份，其既是上市公司高管又是计划基金受托人，存在利益冲突，容易诱发内幕交易和利益输送。因此，不少上市公司选择外部人作为计划基金受托人，以避免利益冲突。此外，上市公司一般设立员工持股委员会（ESOPs Communication Committee/ESOPs Committee），作为员工和受信人的沟通渠道。已经划入员工个人账户的股票，其投票权依法归属员工，员工将投票意见通知受信人行使，受信人有义务对员工的投票意见保密（confidential ballot）。但尚在持股计划基金悬置账户的公司股票投票权的归属问题存在争议。一般做法是在计划文件（plan document）和信托文件（trust instrument）中规定"镜面投票"规则（mirrored voting rule）和按比例投票规则（proportional voting rule），受信人依照员工就划入个人账户股票的投票意见，按照已划入个人账户的股票占员工有权得到的公司股票总数额的比例，决定尚未划入个人账户的股票的投票意见。作为 1974 年《退休员工收入保障法》之下退休计划的主管机构，美国劳工部对未分配股票的投票权有不同意见。劳工部认为，未分配股份的投票权应由受信人依据参加计划员工的最大利益（best interest）规则行使，无需征求员工意见，也无需考虑员工的工作安全问题。① 但是，劳工部的上述看法仅具有建议性质，没有法律上的强制性。多数上市公司在实践中没有采纳劳工部的意见。

证监会《试点指导意见》规定，中国上市公司员工持股计划上市公司可

① 美国劳工部发给宝丽莱公司的建议函（letter of recommendation）。参见 The expending role of ESOPs in public companies，pp.18—19，edited by Karen M. Young，Quorum Books。

以自行管理本公司的员工持股计划，也可以将本公司员工持股计划委托给下列具有资产管理资质的机构管理：（1）信托公司；（2）保险资产管理公司；（3）证券公司；（4）基金管理公司；（5）其他符合条件的资产管理机构。① 上市公司自行管理员工持股计划，有内幕交易的嫌疑和潜在的利益冲突。上市公司自行管理本公司员工持股计划的，应当明确持股计划的管理方，制定相应的管理规则，切实维护员工持股计划持有人的合法权益，避免产生上市公司其他股东与员工持股计划持有人之间潜在的利益冲突。实践中，上市公司一般选择第三方资产管理公司管理员工持股计划，并代表员工持股计划（具体表达一般为："某某上市公司代员工持股计划"）与聘请的合格资产管理机构签订《资产管理协议》。鉴于员工持股计划草案由公司董事会向股东大会提出并通过，员工持股计划草案中有选定的资产管理公司的条款，因此，上市公司董事会实际掌握了利用提案权选定员工持股计划的管理人的权利。参加员工持股计划的员工实际上没有权利左右资产管理机构的选定，只有权通过员工持股计划持有人会议选出代表或设立相应机构，监督员工持股计划的日常管理，代表员工持股计划持有人行使股东权利或者授权资产管理机构行使股东权利。②

（八）参加持股计划员工的个人股票账户

美国员工持股计划持有的雇主公司股票分为已分配股票和未分配股票两大类。前者股票已经划入员工的个人股票账户，后者暂时存放在悬置账户。

①② 《关于上市公司实施员工持股计划试点的指导意见》第（七）款。

参加美国员工股票购买计划的员工同样有自己的雇主公司股票账户，参加人使用给定期限内扣款购买的享受折扣价格的雇主公司股票，存放在员工个人股票账户之中。也就是说，美国以上两种计划的参加员工，都以自己的名义持有计划带来的雇主公司股票。

《试点指导意见》对参加中国员工持股计划的员工，是否在员工持股计划项下持有自己的个人股票账户的问题没有明文规定。但是该意见规定，员工持股计划管理机构应当以员工持股计划的名义开立证券交易账户。因此可以推定，参加持股计划的员工直接持有的是员工持股计划的份额，而不是雇主公司的股票。

第四节　国有控股上市公司员工持股计划的特殊法律规范

一、混合所有制改革的路径之一：员工持股计划

2013年11月，党的十八届三中全会在《中共中央关于全面深化改革若干重大问题的决定》中提出“积极发展混合所有制经济”，“国有资本投资项目允许非国有资本参股”，“允许混合所有制经济实行企业员工持股，形成资本所有者和劳动者利益共同体。”自此，混合所有制改革和员工持股成为国企改革的两大亮点。2014年5月，国务院《关于进一步促进资本市场健康发展的若干意见》，提出“完善上市公司股权激励制度，允许上市公司按规

定通过多种形式开展员工持股计划”。2015 年 8 月，《中共中央、国务院关于深化国有企业改革的指导意见》，提出“分类推进国有企业改革”，发展混合所有制经济。2015 年 9 月，国务院发布《关于国有企业发展混合所有制经济的意见》，提出“探索实行混合所有制企业员工持股。坚持激励和约束相结合的原则，通过试点稳妥推进员工持股。员工持股主要采取增资扩股、出资新设等方式”。2016 年 8 月，国务院国资委、财政部、证监会联合发布了《关于国有控股混合所有制企业开展员工持股试点的意见》，就国有控股混合所有制企业开展员工持股试点的试点原则、试点企业条件、企业员工入股、企业员工股权管理等方面提出了意见。国资委随即宣布国有控股混合所有制企业员工持股首批试点于 2016 年内启动，成熟一户开展一户，2018 年年底进行阶段性总结，视情况适时扩大试点。① 员工持股计划成为国有控股企业实施混合所有制改革的重要途径之一。②

二、国有控股上市公司员工持股计划适用的特殊规范

《关于国有控股混合所有制企业开展员工持股试点的意见》规定国有控股上市公司在实施上市公司持股计划时，同样要遵守该意见相关规范，具体而言，该意见在员工范围、员工出资、入股价格、股权结构、持股方式等方

① 高江虹：《国企决战混改：员工持股试点将启》，《21 世纪经济报道》2016 年 8 月 19 日。

② 目前推进国有控股企业混合所有制改革主要有三种路径：一是资产证券化，二是通过增资扩股、股权转让等方式与民营资本混合，三是国企内部的员工持股。

面，有以下主要规定：第一，员工范围。参与持股人员应为在关键岗位工作并对公司经营业绩和持续发展有直接或较大影响的科研人员、经营管理人员和业务骨干，且与本公司签订了劳动合同。党中央、国务院和地方党委、政府及其部门、机构任命的国有企业领导人员不得持股。外部董事、监事（含职工代表监事）不参与员工持股。如直系亲属多人在同一企业时，只能一人持股。第二，员工出资。员工入股应主要以货币出资，并按约定及时足额缴纳。按照国家有关法律法规，员工以科技成果出资入股的，应提供所有权属证明并依法评估作价，及时办理财产权转移手续。上市公司回购本公司股票实施员工持股，须执行有关规定。试点企业、国有股东不得向员工无偿赠与股份，不得向持股员工提供垫资、担保、借贷等财务资助。持股员工不得接受与试点企业有生产经营业务往来的其他企业的借款或融资帮助。第三，入股价格。在员工入股前，应按照有关规定对试点企业进行财务审计和资产评估。员工入股价格不得低于经核准或备案的每股净资产评估值。国有控股上市公司员工入股价格按证券监管有关规定确定。第四，持股比例。员工持股比例应结合企业规模、行业特点、企业发展阶段等因素确定。员工持股总量原则上不高于公司总股本的30%，单一员工持股比例原则上不高于公司总股本的1%。企业可采取适当方式预留部分股权用于新引进人才。国有控股上市公司员工持股比例按证券监管有关规定确定。第五，股权结构。实施员工持股后，应保证国有股东控股地位，且其持股比例不得低于公司总股本的34%。第六，持股方式。持股员工可以个人名义直接持股，也可通过公司制企业、合伙制企业、资产管理计划等持股平台持有股权。通过资产管理计划方式持股的，不得使用杠杆融资。持股平台不得从事除持股以外的任何经营活动。

因此，对于国有上市公司而言，在实施员工持股计划时，不仅要满足证监会2014年颁布的《关于上市公司实施员工持股计划试点的指导意见》，同时还要满足2016年国资委、财政部、证监会颁布的《关于国有控股混合所有制企业开展员工持股试点的意见》的相关规定。

本章小结

上市公司员工持股计划的设立决策权一般配置给公司股东大会，或者配置给公司董事会。但是公司员工不能仅仅拥有建议权，而是应该根据不同情况，赋予员工一定的决策权。员工持股计划文件是上市公司提出的格式合同要约，作为计划参加人的上市公司员工对计划文件的内容没有谈判的权利，这种做法显然不利于保护上市公司员工的利益，立法上应当考虑赋予上市公司员工对员工持股计划文件内容的知情权、谈判权和共同决策权，即就是否建立上市公司员工计划、计划内容等，及时、真实、完整地向员工通报，就计划内容征求员工意见，就是否设立计划和计划内容赋予员工表决权，这种表决权可以是以上市公司全体员工人数为计算基础的简单多数。

从内容上看，中国上市公司员工持股计划和美国的员工持股计划资金来源不同，前者的制度设计中参加持股计划的员工需要自己出资（合法薪酬或其他法律、行政法规许可的方式）购买股票，后者则是建立在雇主公司信用的基础上，使用借贷资金实施计划，员工个人基本不需出资。

中国员工持股计划类似美国的员工股票购买计划，两者均可适用于上市公司，购股资金均主要来源于员工的税后收入。但是，两者形似神不似，主要表现在两点：一是购买股票的价格。前者是按照市场价格，不享受股东大会给予的任何折扣；后者是按照市场价格享受最高15%的折扣。二是是否享受优惠税收政策。前者不享受任何税收优惠，后者根据持有时间的长短享受税收优惠。

笔者认为，从员工持股制度在美国的发展历史上看，美国的“员工持股计划”（ESOP）在《退休员工收入保障法》被确定法律地位之前，一直面临着其他员工所有制形式的竞争。中国的员工持股计划没有必要在内容上照搬美国模式。作为养老金计划的一种，通过外部贷款建立的员工持股计划在美国也属于特例。[①] 中国的《贷款通则》也明文禁止使用借贷资金进行股本权益性投资，[②] 美国的员工持股计划使用借贷资金建立计划的特征在中国存在实施的法律障碍。

中国上市公司员工持股计划的制度设计部分借鉴了美国员工股票购买计划。但是，美国员工股票购买计划在制度设计上有着清晰的利益机制，通过给予员工购股折扣和税收优惠来引导员工参与计划。中国员工持股计划的最大问题就是缺乏吸引员工参加计划的公开利益机制。参加计划的员工不能享受购股折扣，也不能享受税收优惠，而且还有持股时间的限制。与员工个

---

① 按照美国法律规定，除员工持股计划之外的其他养老金计划不允许使用借贷资金建立。

② 《贷款通则》第20条第3款。

人自行从二级市场上直接购股短线炒作或者是长期持有相比，员工参加本公司员工持股计划没有优势，反而多了限制。与员工购买分散投资的公募基金相比，员工持股计划投资过于集中，面临的市场风险更大。在这种制度环境下，令人担忧的是，为鼓励员工参加员工持股计划，公司大股东或管理层可能会对参加持股计划的员工做出某些不公开的利益承诺（如在员工持股计划到期之后的售股期间，在信息披露等方面做出一定程度的利好配合等），可能导致不公平的利益输送成为制度实施的潜在利益机制。因此，笔者认为，立法应该给予员工持股一定的税收优惠为核心的优惠政策体系，为员工持股制度提供一个清晰的利益机制，以促进上市公司员工持股计划的健康发展。

第三章　员工持股计划的内部管理：计划受信人及其受信义务

第一节　员工持股计划的管理机制：信托 vs. 委托

自 20 世纪 80 年代员工持股制度在我国发展以来，员工持股计划管理机构的机制设计一直是员工持股制度的主要问题之一。关于员工持股需要通过什么组织来进行管理，该组织与持股员工及所在公司的法律关系如何构建，我国的《公司法》、《证券法》没有明确规定。

以往实践中出现过多种员工持股的管理模式，一是员工作为股东直接持有目标公司的股权。在此种模式下，如果持股员工的数量较多，就容易使得上市公司发起股东人数大大超过《公司法》规定的公开发行 200 个股东人数的上限；二是采用工会模式，即员工持股由工会进行管理。根据中华全国总工会的意见和《工会法》的有关规定，工会作为上市公司的股东，其身份与工会的设立和活动宗旨不一致，可能会对工会正常活动产生不利影响。因此，证监会暂不受理工会作为股东或发起人的公司公开发行股票的申请。工会作为股东，会给公司上市造成障碍；三是采取职工持股会的模式，但对于职工持股会的法律性质一直存在争议，2000 年 12 月证监会法律部专文[①]禁止了职工持股会的管理模式；四是采用企业法人模式，即拟持股员工出资成立一个或多个新公司，由新公司持有目标公司的股权。有学者认为，这种模式切断了员工与公司之间的权利义务关系，新设立的企业法人很难真正代表全体持股员工的意愿并参与公司治理。

美国、法国和德国的员工持股计划一般采取“信托”的管理方式（袁田，2013）。2014 年 6 月，中国证监会颁布的《关于上市公司实施员工持股计划试点的指导意见》规定了两种可供选择的模式：一是上市公司可以自行管理员工持股，二是员工持股可委托给具有资产管理资质的机构管理。实践中，国有上市公司员工持股计划大多选择第二种模式，将员工持股交给第三方合格资产管理机构进行管理。这种委托第三方资产管理机构进行管理的法律性质，究竟属于“委托”还是“信托”，《试点指导意见》规定不明确。员工持股计划参加人的权益实现，有赖于资产管理人的尽心管理。资产管理人的管理义务，一是来源于《资产管理协议》的合同条款约定；二是来源于法律规定。一般而言，“信托”法律关系中的“受信人”承担的法律义务和法律责任（受《信托协议》和《信托法》中受信人义务和责任的约束），要比“委托”关系中的“受托人”（其基本权利和义务受《委托协议》的约束）在范围和程度上，要求要广、要高。合同具有天然的不能穷

---

① 2000 年 12 月，证监会法律部在《关于职工持股会及工会能否作为上市公司股东的复函》中明确指出，“职工持股会属于单位内部团体，不再由民政部门登记管理。对此前已登记的职工持股会在社团清理整顿中暂不换发社团法人证书。因此，职工持股会将不再具有法人资格。在此种情况改变之前，职工持股会不能成为公司的股东”。

尽所有情况的“不完全性”，《资产管理协议》约定的再完善，也难免挂一漏万，不可能穷尽资产管理方的义务和责任；此外，《资产管理协议》签约过程中，双方当事人的讨价还价可能会为资产管理人留下较大逃脱合同责任的空子。将员工持股计划的资产管理机构在法律性质上界定为信托受信人，可以在法律责任和法律义务上，最大范围和最大程度地保护员工持股计划持有人的利益。此外，相比“委托”资产的所有权仍属于委托人，将员工持股计划资产在法律上界定为“信托资产”，使得员工持股计划名下的资产独立于员工持股计划持有人和资产管理机构的自有资产，可以保护员工持股计划资产不受出资人和资产管理人的债权人的追索。《试点指导意见》首先规定了员工持股计划资产的独立性，规定“资产管理机构要以员工持股计划的名义开立证券交易账户，员工持股计划管理机构不得将员工持股计划持有的股票、资金归入其固有财产”；“员工持股计划管理机构因依法解散、被依法撤销或者被依法宣告破产等原因进行清算的，员工持股计划财产不属于其清算财产”。其次，规定了员工持股计划管理机构的信托义务，规定“员工持股计划的自查管理机构应当为员工持股计划持有人的最大利益行事，不得与员工持股计划持有人存在利益冲突，不得泄露员工持股计划持有人的个人信息”。虽然在表述上存在一定的争议，例如把“员工持股计划的资产”称为“委托资产”，但是，笔者认为，《试点指导意见》在员工持股计划的管理体系上，仍然已经渗透了“信托”的基本框架。

第二节 美国员工持股计划的受信人及其受信义务

一、ERISA 项下受信人的概念和种类

（一）ERSIA 项下受信人的概念

员工持股信托肇始于美国，美国员工持股计划是 1974 年的《员工退休收入保障法》(Employee Retirement Income Securities Act，ERISA）规范的退休计划（retirement plan）的一种。为保障资金安全，ERISA 项下计划资金都以信托形式出现。除特别情况外，ERISA 有关退休金计划受信人的有关规定适用于员工持股计划的受信人。因此，信托是美国员工持股计划的法定管理机制。除另有规定外，受托人享有专属的权力用以管理和控制信托账户内的计划资产。信托机构作为专业的受托人负责员工持股计划的账户管理，记录参加员工持股比例与变动，追踪账户内资产的内容与价值变化，并按照信托文件的约定，购买或处置计划资产。换言之，信托管理机制是美国员工持股计划不可分割的组成部分，持股员工作为受益人的利益实现与保护均依赖于信托管理机制的有效运行。

（二）ERISA 项下受信人的种类

美国国会制定《员工退休收入保障法》的目的是为了保护退休计划的参加者和受益人的利益，具体方式是要负责管理计划和投资计划资产的人或实体（entity）承担信义义务（fiduciary duty）。一般来讲，只要满足以下条

件之一，就可以成为计划的受信人：（1）在计划或信托书面文件中被任命为指定受信人（named fiduciary）；（2）实际负责计划或者计划项下资产运营管理；（3）实际负责计划的行政管理。在美国法院案例中，首要问题就是认定谁是ERISA项下的计划受信人。根据具体职责的不同，ERISA项下的退休计划受信人可以分为指定受信人、管理受信人、行政管理人、投资经理、投资顾问，其中前三类受信人每个退休计划必须要有，因此称为“法定受信人”，后两类受信人根据具体情况可有可无，称为“选定受信人”。

指定受信人（named fiduciary）。这是ERISA特有的概念。每个ERISA项下的计划必须要有一个或多个指定受信人。指定受信人拥有管理和控制（manage and control）计划的权利。计划文件（plan document）必须要写明谁是计划指定受信人。指定受信人一般由雇主公司、员工组织或者是雇主公司和员工组织共同指定。在上市公司中，经常是一个或多个委员会作为指定受信人。实践中，经常由退休计划“行政管理委员会”（administration committee）担任指定受信人。雇主公司高管通常是该委员会的成员。指定受信人有两个突出特征，一是要能让计划参加人、受益人或者是其他利益相关方容易辨认；二是指定受信人对计划各个阶段的运行负总责。这一点和信托法上的受信人（trustee）类似。指定受信人和其他计划受信人不同，后者的责任限制在他们计划中的特定作用范围内。指定受信人可以通过责任分配或责任委托的方式使自己的信托责任得到限缩。

管理受信人（trustee）。ERISA项下的计划财产（plan asset）都要成立一个信托（trust），每个信托可以有一个或多个管理受信人。管理受信人同样必须要在信托文件或者是计划文件中指定，或者是由指定受信人任命。一般来讲，管理信托人要明确表示接受指定或任命。对于没有明确表示接受任命，但实质性地行使计划经营管理权的人，美国法院判例也认定其为管理受信人。①

行政管理人（administrator）。行政管理人也是受信人。每个退休计划都要有行政管理人。如果计划文件没有任命行政管理人，那么就默认退休计划的发起人是行政管理人。行政管理人主要负责计划信息（plan information）和向计划参加人或受益人支付计划产生的权益（benefit payment）。行政管理人在管理计划方面拥有一定的自由裁量权。但是，执行计划行政管理工作的个人不一定都是行政管理人，在他人制定的政策、解释、规则、实践和程序框架范围内执行报告、账簿保管、利益支付等辅助性工作的个人，不是计划行政管理人。

投资经理（investment manager）。除指定受信人和管理受信人之外，投资经理也属于受信人。投资经理有权管理、获取或者是处分计划财产。投资经理一般由按照《投资顾问法案》（investment advisors act）注册的投资顾问、银行、保险公司担任，并通过书面文件确认为受信人。

投资顾问（investment advisor）。投资顾问因其向退休投资计划提供投资建议而成为计划的受信人。这里的“投资建议”指关于证券或者其他财产的价值，以及有关投资、买入、卖出的建议。这种投资建议基于双方的协

---

① Donovan v. Mercer（5th Cir. 1984）.

议或默契，双方知道该建议将被用作计划投资的主要依据。投资建议具备有偿、定期性质，或者投资建议提供人有权利或责任提供投资建议。如果仅仅提供投资建议，但是不满足其他条件的，投资建议的提供人不属于 ERISA 项下的投资顾问。

事实上的受信人（fiduciary in fact）。除以上受信人之外，ERISA 规定，对计划和计划财产有事实上的、某种形式的自主处分权（discretion）或控制权（control）的个人或实体（entity），也有可能被认定为受信人。认定受信人不是根据行为人是否拥有受信人的头衔，而是基于行为人扮演的实际角色及其行为的性质。美国法院较近的判例认为，任命计划受信人的个人或实体，就任命受信人这一事项本身，其自身也可以被认定为受信人。受聘为计划或者受信人提供专业意见的律师、会计师、审计师、精算师，不属于 ERISA 项下的受信人，除非上述专业人士同时满足投资顾问作为受信人需要满足的有偿、定期等其他条件。认定受信人是美国的 ERISA 项下受信人责任认定的首要问题，受信人履行受信义务，承担违反受信义务的责任，甚至要承担其他受信人违反受信义务的责任。①

（三）受信人的任职期限

美国劳动部（department of labor）对 ERISA 条文享有主要解释权。该部认为，计划管理受信人（trustee）的任职期限不能规定为终身或无限期（即便同时规定受信人可以因为渎职或能力不足而被撤职）。如果计划文

① David W. Powell, The pubic company Esop in 2004, Journal of pension Planning & Compliance.

件有类似规定，则会被认为因为违反了忠实和谨慎义务而无效。计划文件中关于管理受信人不受监督或不被撤职的规定也无效。管理受信人的任期可以是指定的合理期限。其他被任命的受信人（appointed fiduciary）的任期可以类推适用管理受信人的任期规定。

（四）受信人的任职资格限制

因违反联邦法和州法而被判有罪的个人被禁止担任服务于退休计划的任何职位；禁止期限为被判有罪之日或监禁结束之日起 13 年，以两者中靠后的日期为准。在禁期内，该个人被禁止担任退休计划的受信人、其他的计划代表或计划顾问，以及有关计划决策权、监督权或控制权的任何职务。并且，该个人也无权任命其他人担任该个人不能担任的职务。除得到通知并经开庭审理后，法院判决公司或合伙组织担任受信人职务与 ERISA 规定不符[①]的情况之外，公司或合伙组织可以担任退休计划受信人、保管人、代理、顾问。任何违反上述规定的个人或实体，将被处最高 1 万美元的罚款和最高五年的监禁。[②]

二、雇主公司或雇主公司高管作为计划受信人

ERISA 允许雇主公司、工会、或者是雇主公司的高级经理人、代理人或其他代表作为计划的受信人。如前所述，雇主可以担任计划指定受信人。

---

① ERISA 411（a）.

② ERISA 411（b）.

在一定条件下，雇主公司还会被默认为计划的行政管理人。ERISA 立法目的之一就是要保护员工退休金计划的资金安全，对于雇主公司或者是雇主公司代表担任计划受信人是否会危及计划资金的安全，存在争议。美国国会认为，雇主公司和参加计划员工之间存在着某种共生关系，计划的建立不仅有助于雇主公司与员工保持良好关系，而且也部分地服务于雇主自身的商业目的。因此，大多数雇主会希望管好计划资金。此外，退休计划直接或间接地使用雇主的资金，雇主公司当然希望对计划资金保留一定的监督权，以确保资金得到良好的管理，同时控制计划的行政开销。如果 ERISA 不允许雇主公司或其代表作为受信人，就可能影响雇主公司建立退休计划的意愿。

如果退休计划或信托文件指定雇主公司作为计划受信人，那么雇主公司的董事会成员或者其他高管是否随之成为计划受信人？答案并不明确。美国法院判例更关注这些个人是否是事实上的受信人，即这些个人是否有权作出受信人才能作出的决定（fiduciary decision），包括代表雇主公司作出的决定。因为雇主作为受信人时，确定其他具体受信人问题上的不确定性，使得作为计划发起人的雇主公司一般不愿意指定自己作为受信人，而是倾向于明确指定更加具体的对象作为计划受信人，比如指定一个委员会或者某个具体的公司高管作为受信人，以规避发生诉讼时法院确定受信人的不确定性风险。

即便退休计划或信托文件明确规定受信人的责任完全由雇主公司承担，但是雇主公司的高管作为个人仍有可能被认定为受信人。美国法院判例表明，在计划文件特别声明雇主公司作为受信人的受信义务由公司董事、高管和雇员代表公司代为行使，但是特别指出在这些董事、高管、雇员个人不是受信人的情况下，法院仍会认定这些个人承担受信义务。①

三、ERISA 项下受信人受信义务的主要内容和标准

理论上，ERSIA 项下的受信人责任可以分为两大类：一类是主要责任（primary duties），例如向计划参加人或受益人支付计划权益、持有计划财产或提交计划运营年度报告等；另一类是信义义务（fiduciary duties），规范计划受信人行使其主要责任时所要遵循的行为标准。但是，ERSIA 在规定受信人义务时，并没有严格区分受信人主要责任和信义义务，而是将两者混为一谈，使得法律在结构上不清晰，甚至有点混乱。笔者认为，这体现了英美法系关注解决实际问题，不关注法律本身结构和体系逻辑性的立法传统。

（一）忠实义务和排他性权益规则

ERSIA404（a）将计划受信人的忠实义务描述为：受信人在履行其与退休计划有关的职责时，要把有利于计划参加人和受益人利益作为行事的唯一原则，以向计划参加人和受益人分配计划收益和为计划管理支付合理费用作为排他性唯一目的（exclusive purpose），统称“排他性权益规则”（exclusive benefit rule）。需要注意的是，虽然 ERSIA 规定受信人要以有

① Kayes v. Pacific Lumber Co.，51 F. 3d 1449（9th Cir. 1994）.

利于计划参加人和受益人利益作为唯一原则，但是，ERSIA 项下受信人的忠实义务的指向对象不是某个或某些具体的计划参加人或受益人，而是计划整体。ERSIA 第 409 章规定受信人要赔偿因违反受信义务“给计划造成的损失”(loss to plan)。美国最高法院判例也认为，受信人因违反信义义务所做的赔偿只能赔偿给退休计划，而不能赔偿给参加人或受益人个人。① 在某些特定情况下，计划参加人和受益人可以其个人名义获得衡平法上的救济(equitable relief)，② 但这仅是特例，不具有一般性。因此，ERSIA 项下受信人忠实义务的指向对象仍然是计划整体。

在雇主公司（或是雇主公司代表）担任计划受信人的情况下，受信人的忠实义务的履行问题会复杂化。首先，需要分辨雇主行为是基于 ERISA 项下的受信人身份，还是基于计划的委托人（settlor）身份。雇主公司所做的与计划有关的行为不一定都是作为受信人的受信行为，也有可能是雇主公司基于计划基金委托人（settlor）身份所做出的行为。雇主作为受信人的受信行为必须要与计划的经营管理（management）或行政管理(administration)有关。美国法院判例认为，有关计划建立（包括计划条款的谈判等)、条款修改和计划终止的行为不属于雇主作为受信人的受信行为。③ 其次，雇主公司（或雇主公司代表）作为计划受信人行使受信行为时，可能会产生利益冲突问题。一方面是雇主公司代表（如董事）要基于公司法

① Massachusetts Mutual Life Insurance Co. v. Russell (S. Ct. 1985).

② Varity Corp. v Howe (S. Ct. 1996).

③ Berlin v. Michigan Bell Telephone Co. (6th Cir. 1988), Lockheed Corp. v. Spink (S. Ct. 1996).

上的信义义务，维护雇主公司利益；另一方面，雇主代表要履行 ERISA 项下受信人的忠实义务，受到“排他性权益规则”的约束。尤其是在公司收购的情况下，这种利益冲突尤为严重。美国劳工部认为，在此情况下，处于利益冲突地位的受信人应该辞职，然后任命没有利益冲突的受信人来作决定。美国法院虽然认可劳工部的观点，但是认为这种方法在实践中过于严苛。美国法院在审理具体案件时，更倾向于审查受信人作出决定的程序，由此判断受信人是否遵循了“排他性权益原则”，发现受信人在作出决定的过程中是否存在严重的、明显的反常行为（irregularities），比如没有迅速召集计划信托人会议进行商讨、没有征求外部独立顾问的意见等。通过审查决策程序的方式，法院同样可以找到受信人的行为漏洞，判决受信人承担受信责任。

（二）谨慎义务（prudence）

ERSIA 为受信人谨慎义务设定了客观的“谨慎人”（a prudent man）标准，即要求规定计划受信人要具备一定技能（skill），在履行职责时要“注意（care）、谨慎（prudence）和勤奋（diligence）”，要按照一个谨慎人在类似地位和类似情况下处理事务的标准来行事。对于“谨慎人”的技能（skill）要求，ERSIA 采用了谨慎专家（prudent expert）的高标准（即使受信人本人不是专家，也可以从外部获取专家意见）。受信人是否履行谨慎义务主要反映在决策程序上，具体讲就是，受信人作出决定之前采取了哪些步骤。在判断受信人是否尽到谨慎义务时，美国法院主要考察受信人在作出有争议的决定时，是否采用了合适的方法，受信人决定的效果反而不是考虑的重点。美国劳工部则认为，受信人要定期监督其任命的其他受信人的工作表现，这是受信人履行谨慎义务的表现之一。此外，只要在选任计划服务人员的过程中尽到了谨慎义务，那么受信人有权依赖服务于计划的非受信人提供的信息和工作成果。投资经理在作出计划投资决定时，可以依赖任命其职务的指定受信人提供的信息。

（三）分散投资义务（diversification）

ERISA 项下退休计划的受信人负有把计划资产分散投资的义务，目的是降低投资风险，减少投资损失。分散投资是受信人谨慎义务的一个具体应用，可以归入受信人的谨慎义务范畴。作为特殊的退休计划，员工持股计划主要投资于雇主公司股票。按照美国 ERISA 第 407 节的规定，员工持股计划的资金应主要用于购买雇主公司的股票，而对计划资金的其余部分，受托人享有投资的自由裁量权，以实现这部分资产的保值与增值，当然这种权力需要受到多样化投资义务（duty to diversify the investments）的限制，以降低这部分资产的投资风险。

（四）非偏离义务（Non-deviation）

ERISA 规定，在计划文件和信托文件不违反 ERSIA 规定的条件下，计划受信人必须完全按照计划文件和信托文件的规定来行事，这称为受信人的“非偏离义务”。传统信托法认可通过修改信托文件或请求法院许可的方式，使得受信人履行受信义务时可以偏离信托计划文件的规定。但是，ERISA 项下受信人的“非偏离义务”是法定义务，不能通过变更计划文件或信托文件的方式加以改变，甚至不能通过法院批准的方式加以改变。

（五）提供真实信息义务（truthfulness and information）

ERSIA 规定计划参加人和受益人有权得到有关计划的信息，有权知晓他们的权益（benefit）和权力（right）。美国最高法院在 Varity Corp. v. Howe（S.Ct.1996）一案中，认为计划受信人负有对计划未来收益不作虚假陈述的信义义务。此外，联邦法院还在案例中发展了计划受信人向计划参加人和受益人披露、通知有关计划的信息，并保证信息真实的义务。此项义务的范围，仍然处在发展过程中。

（六）禁止交易义务（prohibited transaction）

ERISA 列举了一系列有关利害关系人（主要是雇主公司）的交易清单，禁止计划与之交易，目的是杜绝利害关系人利用关联交易损害计划资金的情况。禁止交易义务可以归入受信人的忠实义务范畴。由于员工持股计划设计主要用来投资于雇主公司股票，因此，ERISA 免除了员工持股计划的禁止交易义务，员工持股计划如果可以获得雇主公司的担保或者雇主公司的贷款（条件是利息要合理），就可以购买雇主公司的股票。

四、员工持股计划受信人受信义务的特殊适用

（一）对谨慎义务的特别适用：Moench v.Robertson 案

员工持股计划被设计用来主要投资于员工公司股票。虽然 ERISA 豁免了员工持股计划信托基金关于分散投资的要求，但是计划受信人投资雇主公司股票是否符合 ERISA 项下受信人的谨慎原则，在美国联邦第

三巡回上诉法院1995年审理的Moench v.Robertson案之前一直没有定论。通过Moench一案，美国联邦巡回上诉法院认可了员工持股计划受信人投资雇主公司股票不违反其谨慎义务的假设，法院允许反证该假设错误（rebuttable）。按照Moench案确定的规则，员工持股计划的受信人可以在如果换作其他投资就应该卖掉的情况下，继续持有雇主公司股票，同时不被认定为违反了谨慎义务。第七和第九联邦巡回上诉法院①也通过判例认可了Moench v. Robertson案所确定的这一原则。

员工持股计划限制参加计划的员工在任职期间转让所持雇主公司股票，员工退休、离职、残疾（disabilities）、死亡四种情况除外。在雇主公司股价出现大幅下跌，甚至有可能关门、破产的情况下，经常出现受信人没有及时抛售雇主公司股票，因此使得参加计划的员工遭受重大经济损失的情况。受到损失的员工对员工持股计划受信人的不作为极为不满，认为计划受信人在这种情况下应该及时抛售雇主公司股票挽回损失，并向法院起诉计划受信人违反谨慎义务。美国法院一般援引Moench案确定的规则，不支持原告的起诉。那么，员工持股计划的受信人是否在购买雇主公司股票之后，就可以甩手不管（hands-off）呢？美国学者David W. Powell认为，员工持股计划的受信人有义务监督雇主公司股票的表现，保留受信人商讨投资意见的记录，②履行谨慎义务的程序性要求。

---

① Steinman v. Hicks和Wright v. Oregon Metallurgical Corporation.

② David W. Powell, The public company Esop in 2004, Journal of Pension Planning & Compliance.

（二）敌意收购中的员工持股计划受信人的投票权问题：Herman v. Nationsbank Trust Co. 案

实践中，上市公司建立的员工持股计划经常被希望用作反敌意收购的工具。但是，作为员工持股计划的受信人没有义务支持作为收购目标的雇主公司管理层反对外部的敌意收购。受信人行为受到“排他性唯一权益原则”的限制。在收购方标购雇主公司股票的情况下，是否接受标购关系受信人受信义务的正确行使。美国上市公司员工持股计划的投票权分为两大类，一类是已分配到员工个人账户的股票的投票权，另一类是未分配到员工个人账户，还留在悬置账户的股票的投票权。已分配股票的投票权依法归属员工个人，未分配股票的投票权归属存在争议，一类观点是应该由受信人根据“镜子投票原则”和“按比例投票原则”，按照已分配股票的员工投票意见，由受信人代为投票。这种意见是大多数上市公司的意见，一般会在计划文件或信托文件中明文规定。另一类观点认为应该由计划受信人按照受信义务的标准自行做出投票。这类意见以美国劳工部为代表。美国法院在此问题上的态度，通过 Herman v. Nationsbank Trust Co. 一案①表现出来。

Nationsbank 案是宝丽来公司反三叶草公司收购案②的关联案件。1988年9月，三叶草公司标购宝利来公司的普通股票，三叶草公司建立了员工持

---

① Steven J. Arsenault，FIDUCIARY DUTIES OF ESOP TRUSTEES UNDER ERISA IN TENDER OFFERS: THE IMPACT OF HER-MAN V. NATIONSBANK TRUST COMPANY AND A PROPOSAL FOR REFORM，University of Pennsylvania Journal of Labor and Employment Law Fall 2000.

② 关于三叶草和宝利来案的详细案情介绍，请见第三章，此不赘述。

股计划作为应对。之后，宝利来公司同样公开标购自己的股票，1989 年 2 月 23 日，作为宝利来公司员工持股计划受信人的 Nationsbank，通过信函通知持股计划的参加人关于竞争性标购的事宜，并通知计划参加人将其对标购事项的决定在 1989 年 3 月 23 日之前告知 Nationsbank：（1）同意三叶草公司的标购；或（2）同意宝利来公司的标购；或（3）对两方的标购都不同意。在信函中，Nationsbank 告知参加人如果没有对如何对待标购进行回复，视为不同意任何一方的标购。但该信函没有告知计划参加人计划文件中关于未分配股票投票权适用"镜面投票权规则"的规定。

1989 年 3 月 23 日，Nationsbank 依照计划参加人的投票意见和计划文件条款（包括文件中规定的"镜面投票规则"）同意了三叶草公司的标购。三叶草公司最后也同意了宝利来公司的标购，宝利来公司最后获得了 27.7747% 的公司股票。之后，宝利来公司员工持股计划又按照规定条款，使用卖出计划持有的股票所得收益重新投资于宝利来公司股票，结果是多持有了 482073 股。

1992 年，美国劳工部以部长的名义起诉 Nationsbank，认为 Nationsbank 违反了 ERISA 规定，没有把员工持股计划中已分配和未分配的股票全部同意宝利来公司的标购。联邦地区法院认定 Nationabank 应该依据自己的判断代表员工持股计划持有的股票决定是否同意标购，而不应依赖参加员工的投票和镜面原则作出决定；对于未作出答复的已分配股票，Nationsbank 应该有唯一的决定权作出是否同意标购，而不应仅仅视为不同意标购。Nationsbank 上诉到联邦第十一巡回上诉法院。

对于已分配的员工作出投票指示的股票投票权，美国劳工部没有异议。劳工部的异议针对的是已分配但未作出投票指示的股票的投票权。上诉法院认为，参加计划的员工拥有已分配股票如何投票的控制权，因而是已分配股票的指定受信人（named fiduciary），因此，有权作出是否同意标购的决定；对没有对如何投票作出答复的参加人的意思推断问题上，上诉法院认为，没有答复本身就是作出了不同意标购的指示，Nationsbank 和计划文件对此问题的处理并无不妥。对于未分配股票的投票权问题，上诉法院认为参加计划员工并非未分配股票的指示受信人，但是对依据镜面投票规则作出投票本身是否合法的问题，上诉法院没有作出明确的认定，成为员工持股计划受信人履行受信义务时，需要承担的潜在的法律风险，需要美国国会立法予以澄清。

五、对受信人责任的限制

责任分配。在计划文件有责任分配程序的情况下，一个指定受信人（named fiduciary）的受信责任可以通过正当程序分配给其他指定受信人或指定受信人之外的其他受信人。在这种情形之下，这个指定受信人只对分配出去的受信责任承担有限制的直接责任，即就分配责任本身承担信义责任（如适用谨慎标准）。以上规则同样适用于计划的管理受信人（trustee）。ERSIA 规定，在一个计划有多个管理受信人的情况下，一个管理受信人对其他管理受信人的行为不承担信义责任，但是有合理的注意义务以防止其他的管理受信人违反信义义务。在任命计划投资经理（investment manager）的情况下，管理受信人对投资经理的行为不承担受信责任，除非故意参加其行为或有意隐瞒相关信息。

受指示的管理受信人。在计划文件或信托文件规定计划管理受信人（trustee）要遵循指定受信人（named fiduciary）适当指示（proper direction）的情况下，受指使的管理受信人对接受指示所做的行为不承担受信义务。但是，在管理受信人认为指定受信人的指示不适当的情况下，管理受信人是遵从"非偏离义务"服从指示，还是遵从"谨慎义务"拒绝接受指示？对此，美国劳工部认为，除非指定受信人的指示在表面上看就明显不适当（the direction is improper，which is clear on its face），否则，管理受信人对遵照指示行事的后果不承担受信责任。美国法院判例①则认为，在此种情况下，管理受信人应该采取措施来确认疑似不适当的指示是否适当。如果信托文件规定管理受信人可以咨询外部顾问，那么，管理受信人就应该去咨询。否则，可能引发共同受信人规则②项下的受信责任，而承担推定的受信义务。

参加人指示的账户。在计划文件允许计划参加人就个人账户资金作出投资决定的情况下，对参加人行使个人账户投资决定权的结果，计划受信人不承担受信责任。但是，当参加人行使上述权利时，违反了计划文件的规定，

① Lodge v. Shell Oil Co.（1st Cir. 1984）.

② 共同受信人规则规定，计划的受信人有责任对其知晓的其他受信人违法受信义务的行为采取必要的补救措施，否则会被认定为共同违反信义义务。

危及计划的合法地位或是构成禁止性交易，如果计划受信人按照参加人指示行事不能免除其受信责任。

六、对受信人违反受信义务的救济

诉讼原告身份的确定。计划受信人违反受信义务要承担相应的受信责任。ERSIA 赋予计划参加人、收益人和劳工部部长（secretary of labor）针对计划受信人的起诉权。值得注意的是，ERSIA 没有赋予计划本身以起诉权。在退休计划（retirement plan）能否成为受信人违反受信义务的原告这一问题上，美国法院的态度也有分歧。大多数法院认为，计划自身没有该类案件的起诉权，但也有少数法院认可计划作为原告的地位。

赔偿方式。违反信义义务的赔偿方式包括金钱赔偿、衡平法救济和免除违反信义义务的受信人的职务。金钱赔偿包括补偿（restitution）、吐出违法利润（disgorgement profit）和间接损失赔偿（consequential damage）。衡平法救济包括发布禁令、解约（rescission）等。大多数法院认为对违反受信义务的案件不适用惩罚性赔偿。

民事罚金（civil penalties）。对于劳工部部长提起的针对受信人的诉讼，一旦受信人被法院认定为违反受信义务，那么该受信人要向劳工部支付相当于其赔偿给计划参加人和受益人个人的赔偿金额 20% 的民事罚金。劳工部部长有权根据具体情况免除或减少该项罚金的数额。

第三节 中国上市公司员工持股计划的受信人及其信义义务

一、员工持股计划的管理模式：信托

2014 年 6 月中国证监会颁布的《关于上市公司员工持股计划的试点指导意见》规定，上市公司可以自行管理本公司的员工持股计划，也可以将本公司员工持股计划委托给下列具有资产管理资质的机构管理：（1）信托公司；（2）保险资产管理公司；（3）证券公司；（4）基金管理公司；（5）其他符合条件的资产管理机构。上市公司委托资产管理机构管理本公司员工持股计划的，应当与资产管理机构签订资产管理协议。资产管理协议应当明确当事人的权利义务，切实维护员工持股计划持有人的合法权益，确保员工持股计划的财产安全。员工持股计划管理机构应当为员工持股计划持有人的最大利益行事，不得与员工持股计划持有人存在利益冲突，不得泄露员工持股计划持有人的个人信息。员工持股计划管理机构应当以员工持股计划的名义开立证券交易账户。员工持股计划持有的股票、资金为委托财产，员工持股计划管理机构不得将委托财产归入其固有财产。员工持股计划管理机构因依法解散、被依法撤销或者被依法宣告破产等原因进行清算的，委托财产不属于其清算财产。[①] 但是，对于员工持股计划的资产性质，《试点指导意见》

① 《关于上市公司实施员工持股计划试点的指导意见》第六款。

没有明确是否为信托资产；对于员工持股计划的管理体制，《试点指导意见》也没有明确是否采取了信托管理模式。

如前所述，美国员工持股计划采取了信托性质的管理模式。法国和德国的员工持股计划均采用了相似的独立资产管理中介机构持有并管理计划资金。因此，用信托机制管理员工持股计划是境外成熟市场较为普遍的制度设计，其主要原因在于信托机制的制度优势。首先，信托财产的独立性，可以实现有效的员工持股计划资产隔离。信托财产独立于委托人、受托人、受益人而存在。信托财产的独立性原则应用于员工持股计划的资产管理，可以实现对持股计划资产的隔离功能，有效保护信托资产安全。参加员工持股计划的员工作为共同委托人，设立以自己为受益人的自益信托。员工用于购买股票的资金以及其购得的股票属于信托财产，信托一经设立，便独立于委托人而存在。资产管理机构作为受托人负责计划资产的管理，该资产同样独立于受托人的固有财产。持股员工作为受益人，虽然可以根据信托文件对计划资产享有受益权，但是不能直接支配处置信托财产，该财产同样也独立于受益人的其他财产。信托财产同样独立于上市公司，实现了对员工持股计划资产的隔离功能，能够有效地保护计划资产的独立性。第二，员工持股计划采取信托性质的管理模式，可以减少内部人控制，有效控制风险。员工持股计划的投资方向只要是雇主公司的股票，公司高管在员工持股计划的设立和选择管理者等多方面，持有事实上的选择权；员工持股计划购买公司股权的时机选择，可以对公司股价的高低产生影响；员工持股计划购买的公司股票所附的投票权，又会对公司的经营权产生一定的影响。从制度设计上讲，应当避免员工持股计划为公司的管理层所控制，成为公司高管谋取私利和控制公司的工具。采取信托性质的管理模式，员工持股计划管理人负有法定的守信义务，即要对员工持股计划负责，而不是对公司管理层负责，可以为员工持股计划的独立运行提供了良好的制度空间。

证监会《试点指导意见》将员工持股计划的财产性质规定为委托财产，① 虽然规定资产管理机构应当以员工持股计划的名义开立证券交易账户，且强调持股计划的资金和股票独立于资产管理机构的固有财产，但没有回答持股员工与持股计划财产权属关系的问题。如果计划财产为委托财产，那么委托人应该是持股员工，因为持股计划财产的实际出资人是持股员工。委托—代理的法律关系并不发生所有权的移转，那么持股员工作为委托人仍然是委托财产的所有权人。持股员工或持股员工的债权人仍然可以对员工持股计划财产提出主张，只有将员工持股计划财产定义为信托财产，才能真正实现计划资产的独立性，从法律和制度上保障持股员工作为受益人的信托利益。第三，明确员工持股计划资产的信托性质，可以依据信托法定义务对受托人的管理义务进行规范和约束。合同关系与信托关系显著的区别在于信托关系可以对受托人施加受信义务，合同关系则无此功能。信托财产的受托人应依据法律及信托文件的规定，勤勉善意地履行信托管理义务。任何合同不可能穷尽各种情况，仅仅依据上市公司代员工持股计划与资产管理公司签订的《资产管理合同》条款约定，一旦发生受托人的不当行为损害员工持股计

① 《关于上市公司实施员工持股计划试点的指导意见》第（七）款。

划资产的情况，而有关这种情况的处理条款又没有在合同中找到，就达不到保护员工持股计划持有人利益的目的。

就员工持股计划而言，对受托人的全面约束，一是对员工持股计划资金投资享有一定范围的自由裁量权；二是代表持股员工利益行使的员工股东表决权。证监会《试点指导意见》没有赋予资产管理机构必要的自由裁量权，也没有对其作出谨慎投资的义务要求，仅仅原则性地规定“员工持股计划管理机构应当为员工持股计划持有人的最大利益行事，不得与员工持股计划持有人存在利益冲突，不得泄露员工持股计划持有人的个人信息”。需要指出的是，对资产管理机构施加受信义务本身并不是目的，让资产管理机构在受信义务的制约下能够行使其受信权力，才是信托制度的优势所在，才能发挥其作为受托人的积极管理能力。因此，只有在信托机制下，资产管理机构作为受托人才能积极发挥其管理能力，实现资产管理机构资源与职能的有效配置。关于员工股东表决权，一般均由信托机构作为受托人代为行使。在公司管理层针对控制权实施表决权征集时，员工持股计划的受托人需要以持股计划受益人的最佳利益为目的作出独立判断，不应受雇主公司管理层的影响，也不应盲目听从计划参加人的指示。在保证独立性判断的基础上，受托人需要考虑的唯一因素是员工持股计划投资的经济价值。

二、员工持股计划受信人的范围

信托法上的受信人一般负有忠实义务（duty of loyalty）和勤勉义

务（duty of care）。如前所述，美国 ERISA 把负责管理和运营退休金计划的人，同样称为受信人。ERSIA 项下退休计划具备特殊性，信托法有关受信人的规定并不能完全适用于 ERISA 项下退休计划的受信人。对于两者的区别，有学者认为，主要表现在：第一，信托法只承认一种受信人（trustee）。信托法上的受信人（trustee）负有管理信托的全部主要责任，而且无权把这种管理责任转委托给他人。除受信人之外，协助管理信托的其他人不是信托法上的受信人，也不承担信托法上的受信责任。信托法的这种模式不同于 ERISA 项下的退休金计划。上市公司的退休金计划的参加人（participant）和参加人指定的受益人（beneficiary）人数众多，而且计划项下的财产规模庞大。管理上的复杂性需要把计划的管理责任区分为运营性的管理责任（managerial responsibility）、财务上的管理责任（financial responsibility）和行政性的管理责任（administrative responsibility）。因此，ERISA 项下的受信人的信义责任可分（divisible），计划项下的受信人不具有唯一性，一个退休计划可以有多个受信人，每个受信人在各自的领域负责退休计划的运营和管理，承担各自的受信义务。ERISA 还允许退休计划文件（plan document）或信托文件（trust instrument）规定，允许受信人将其受信责任转委托给他人行使，受委托人同样对计划负有受信义务。第二，信托法规定的传统的受信人（trustee）和 ERISA 项下的计划受信人（plan fiduciary）存在目的不同。前者的存在是为了执行委托人（settlor）设定的信托目标，受信人对信托财产拥有名义上的所有权，可以监督和控制信托财产，目的是贯彻委托人的意图；后者的存在目的不是为了执行委托人的意图，而是为了运营一个已经存在的养老金计划，让计划产生收益，以分配给计划的参加人和受益人。ERISA 项下的计划受托人对计划财产没有名义上或者是实体上的所有权，管理养老金计划财产只是计划受托人的责任所在（袁田，2013）。显而易见，美国 ERISA 对于员工持股计划受信人的范围界定，更有利于对员工持股计划参加人的保护。借鉴美国 ERISA 的理论与实践，笔者认为，我国的上市公司员工持股计划的受信人应当包括：

第一，资产管理机构。实行员工持股计划的上市公司是员工持股计划的委托方（实践中，作为委托方的上市公司名称之后加括号注明"代员工持股计划"），资产管理机构是员工持股计划的管理方，银行作为员工持股计划的资金托管人，三方签订《员工持股计划资产管理合同》。参加计划的员工是受益人，上市公司为员工持股计划聘请的资产管理公司是当然的持股计划受信人（管理受信人），受聘的资产管理公司负责持股计划的资产管理和运营。虽然资产管理公司和上市公司之间是合同（资产管理协议）关系，但是资产管理公司和员工持股计划之间是典型的信托关系，前者对参加持股计划的员工承担受信义务。

第二，员工持股计划持有人会议选出的代表或机构。《试点指导意见》规定，参加员工持股计划的员工应当通过员工持股计划持有人会议选出代表或设立相应机构，监督员工持股计划的日常管理，代表员工持股计划持有人行使股东权利或者授权资产管理机构行使股东权利。如果参加计划的员工选择由其代表或设立相应机构行使股东权，那么选出的代表或设立的相应机构也应属于计划受信人，有权代表持有人行使股东权或授权资产管理机构行使股东权，并且对计划日常管理行使监督权。这里的“股东权利”，笔者认为，应当做限缩解释，主要包括员工持股计划名下股票的投票权，以及根据投票权衍生出来的选择管理者的权利，而不应包括股票收益权（获取股息或分红的权利）和剩余资产索取权。后两种权利应归属负责管理计划的资产管理机构。参加员工持股计划的员工代表或代表机构对员工持股计划有一定的监督和控制权利，在对计划进行日常管理的监督范围内，以及行使或授权行使股东权范围内，参加员工代表或设立的相应机构就成为持股计划的受信人。例如，在员工持股计划存续期间，在发生以雇主公司为目标的敌意收购时，代表计划持有股份投票的员工代表或代表机构，或受委托行使投票权的资产管理机构，就需要履行其受信义务，按照信义义务的标准履行，否则就构成对信义义务的违反。

第三，上市公司。《试点指导意见》规定，上市公司负责为员工持股计划选择资产管理机构，代员工持股计划与选定的资产管理机构签订《员工持股计划的资产管理合同》，因此，上市公司在选任资产管理机构事项上具有决定权。就此事项，上市公司应该对员工持股计划承担受信义务，承担着为员工持股计划选择合格的、有管理资质和管理能力的资产管理机构的责任。如果上市公司选择上市公司自行管理本公司员工持股计划的，应当明确持股计划的管理方，制定相应的管理规则，切实维护员工持股计划持有人的合法权益，避免产生上市公司其他股东与员工持股计划持有人之间潜在的利益冲突。这种情况下，上市公司自身以及其选定的内部管理方均对员工持股计划参加人承担受信人义务。

第四，资产管理机构的投资经理。《试点指导意见》对于资产管理机构内部具体负责员工持股计划运营的投资经理是否属于受信人问题，没有明确规定。实践中，这些投资经理实际掌握了员工持股计划的投资决策权，应该把投资经理列为计划的受信人，应对员工持股计划的资产安全承担受信义务，对违反信义义务造成的损失承担个人责任。这对保护员工持股计划的资金安全和投资安全意义重大。关于投资经理个人作为担任计划受信人的资格，笔者认为，没有必要为上市公司员工持股计划的制定单独适用的资格要求，可以根据其所属投资管理机构的性质，适用不同的资格要求，例如如果上市公司聘请的是公募征求投资基金担任员工持股计划的管理人，那么具体管理计划的投资经理就应当符合《证券投资基金法》第 15 条关于基金从业人员的任职资格要求。

三、员工持股计划受信人受信义务的内容和标准

（一）证监会《试点指导意见》的有关规定

《试点指导意见》第 17 条规定，员工持股计划的资产管理人应该为员工持股计划持有人的最大利益行事，不得与员工持股计划持有人有利益冲突。这种规定表达方式，首先是没有说明员工持股计划资产管理人的具体受信义务，规定过于笼统。其次是没有区分对于受信人的忠实和勤勉义务。作为员工持股计划的管理受信人，资产管理机构应该承担专家水平的高标准的谨慎或者注意义务。对于谨慎义务的认定，宜借鉴美国法院经验，适用程序性检

验标准。

关于受信人义务指向的对象，从文字上来分析，应当指向员工持股计划的持有人。这里的“持有人”，笔者认为应该理解成“作为一个整体的计划持有人”，而不是某个计划持有人个人。

综上，《试点指导意见》仅仅对资产管理机构的受信义务作了原则性规定，但对于其他两类受信人，员工代表或代表机构，确定资产管理机构的上市公司，在特定情况下，是否承担受信义务，以及受信义务的履行标准，没有作任何规定。这是《试点指导意见》的另一遗漏，可能会造成参加计划员工利益的损失。

（二）我国上市公司员工持股计划受信人受信义务体系的构建

中国上市公司员工持股计划的受信人应当承担的受信义务，包括忠实义务和善管（或勤勉）义务。员工持股计划受信人的认定不能仅以合同作为依据，例如员工持股计划持有人会议选出的代表人或代表机构，产生方式不是通过合同，而是通过选举。这种情况下，受信人的义务没有合同作为依据，只能通过法定的受信义务加以约束。另外一些情况下，受信人的确定依据可以是合同，例如，上市公司代员工持股计划聘请的资产管理公司而签署的《资产管理合同》。但是，《资产管理合同》一方面不可能将双方的权利义务规定的面面俱到，另一方面，合同的相对性使得员工持股计划的实际参加者和受益人——上市公司员工不能够通过资产管理合同追究资产管理公司的法律责任。因此，必须通过法定的受信责任来约束资产管理公司的行为，让他们全心全意为员工持股计划服务。这种持股计划的受信人所承担的受信义务是对受信人合同义务的细致规定和额外监督（弗兰克·伊斯特布鲁克、丹尼尔·费希尔，1991）。这种法定受信义务内容的确定可以采取“大原则＋列举”的方式，在此基础上，通过司法解释和法院判例明确适用范围和拾遗补阙。

员工持股计划受信人的受信义务建立在英美法的信托观念之上，内容是员工持股计划的受托人为员工持股计划的利益承担一定的管理职责，为了履行这种管理责任，受信人对员工持股计划负有相应的受信义务。这种受信义务可以分为两大类，一类是忠实义务，一类是勤勉义务。忠实义务约束的是持股计划管理人的道德，要求持股计划管理人要遵守职业道德，克制其利用管理权力苟求私欲的贪念，要求其要把员工持股计划的利益置于个人利益之上，强调的是管理人要对员工持股计划尽职尽责，始终为员工持股计划的利益行事。勤勉义务则有关员工持股计划管理人的能力，约束员工持股计划受信人的偷懒、懈怠和玩忽职守等行为，考察的是持股计划受信人的工作努力和注意程度，要求其在管理员工持股计划时，要最大限度地施展其个人的聪明才智。除以上区别之外，员工持股计划的受信人的忠实义务和勤勉义务的责任要件不同，忠实义务比勤勉义务的要求更严格，确定违反勤勉义务时，必须证明受信人主观上存在故意或重大过失；确定违反忠实义务时，只要受信人有利用员工持股计划为自己或他人牟利、侵害持股计划的利益，则可以直接推定其主观上的故意。

在确定员工持股计划管理人的勤勉义务的判断标准时，有主观和客观两种标准。所谓主观标准是指勤勉义务的要求因人而异，对于不同经验或不同能力的义务人适用不同标准。主观标准必然推导出员工持股计划的管理人经验和知识越少，其勤勉义务的要求就越少的荒谬结论。客观标准以一个“标准的谨慎人”为尺度，要求员工持股计划的受信人应当具备人们所期待的履行同样职能之人的一般知识、技能和经验。受信人履行受信义务要受到复杂环境的影响，由于客观条件和管理人的有限理性，可能会给员工持股计划造成损失，这种情况下，追究受信人的责任就会失之于苛刻，笔者建议，引进公司法中的“商业判断原则”，免除员工持股计划的受信人就合理管理失误承担的法律责任。在适用商业判断原则时，要满足下列前提条件：决策人与决策事项没有利害关系，决策时信息充分，主观上善意，相信决策是为了员工持股计划参加人的最大利益而行事。

在确定员工持股计划管理人的忠实义务时，宜将管理人违反忠实义务的行为，在总结经验和借鉴其他国家立法的情况下，加以类型化，以方便忠实义务标准的适用。根据美国员工持股计划受信人违反受信义务的实际情况，以及《试点指导意见》的规定，笔者推测，在以下情况下，中国的员工持股计划受信人有可能违反信义义务：一是上市公司在形式或实质上，违反计划文件中关于资产管理机构的选任程序，选任不合格的资产管理机构管理员工持股计划，给计划资产造成损失。二是资产管理机构（包括其内部的负责管理计划的投资经理，下同）违反法律、法规规定或资产管理合同约定，对计划资产违规操作，给计划资产造成损失，如在持股计划资产与其固有财产或其管理的其他财产之间，买卖雇主公司股票，给员工持股计划造成损失的；或者是从事了内幕交易或者是从事操纵市场的行为。此种情况的实质是资产管理机构违反了其受信义务中的忠实义务。三是资产管理机构违反其注意或谨慎义务，在正常情况下本不应买进雇主公司股票的情况下买进雇主公司股票，或者是在本不应卖出股票时卖出股票，给持股计划造成损失。四是资产管理机构的投资经理个人利用信息优势，个人或其亲友建立老鼠仓，利用持股计划买卖雇主公司股票的情况，谋取非法私利。五是选出的员工代表或代表机构在敌意收购或其他公司控制权争夺中，没有把持股计划的利益放在第一位，利用手中的投票权支持公司现任管理层，没有卖出持股计划名下股票，造成持股计划参加员工没有享受到敌意收购带来的股票溢价的预期利益的损失。

四、对受信人违反受信义务的救济

《试点指导意见》没有规定因计划受信人违反受信义务，致参加计划员工权利受损的救济方式和救济渠道。但是，从一般的法理上讲，有权利就应有救济。员工持股计划受信人违反受信义务，作为权利受损方的员工应该有权通过诉讼获取救济。参加员工持股计划的员工直接持有的不是作为雇主的上市公司的股票，而是持股计划的份额，此点类似于公募或私募基金的份额。目前的司法实践已经出现公募基金份额的持有人，越过基金公司，直接起诉发生“老鼠仓”事件的基金经理侵权的案例。① 类似地，笔者认为，立

① 刘田：《基金经理“老鼠仓”基民能索赔吗？》，《第一财经日报》2011 年 11 月 5 日。

法应当允许参加员工持股计划的员工，在受信人违反受信义务的情况下，对受信人提起侵权之诉。此外，上市公司作为资产管理合同的委托方，可以依据与资产管理机构的合同，在后者违反信义义务时，提起违约之诉。需要注意的是，不管起诉方是参加计划的员工个人，还是作为管理合同委托方的上市公司，通过诉讼获得的赔偿均应归于真正的受损害方，即作为整体的员工持股计划。

本章小结

美国法律把员工持股计划的资产视为信托资产，对员工持股计划管理法律关系采用了信托法律关系的定位，此种法律定位有利于全方面保护员工持股计划持有人的利益。美国员工持股计划受信人规定的最大的优势就是在确定受信人问题上采取了事实认定的弹性标准，即谁对计划或计划财产有任意处分权或控制权，谁就是计划的受信人。美国法院在审理关于计划受信人诉讼时，首要解决的问题就是确定谁是计划受信人，在此问题上，法院不依赖具体个人或实体有无受信人的头衔，而是采取了彻底地事实认定标准，并且在确定事实受信人的问题上采取了宽泛的标准。这种做法最大的好处就是，要让任何对计划或计划财产有任意处分权或控制权的个人或实体承担严格的受信义务，在他们违反受信义务时，让他们直接承担个人责任。因此，美国学者认为，美国员工退休收入保障法是通过计划受信人制度来最大限度地保护计划参与人（员工）的利益。

在受信义务的标准问题上，美国法采取了实用立法主义，并不关注法律的逻辑性，把受信义务的内容和履行受信义务的标准混在一起规定。从逻辑上加以梳理后，美国员工持股计划受信人的受信义务可以大致分为忠实义务和谨慎义务两大类。前者采取了“排他性唯一权益规则”作为履行义务标准，后者采取了专家级别的客观谨慎人的标准。鉴于美国员工持股计划制度对员工在职期间卖出公司股票的限制，规定计划受信人履行受信义务主要发生在两个场合：一是在雇主公司股票剧烈下跌时，应不应该卖出雇主公司股票；二是在发生以雇主公司为目标的敌意收购时，是否同意卖出股票以获取差价。

中国证监会《试点指导意见》虽然规定以员工持股计划自己的名义开立证券交易账户，还规定员工持股计划项下财产独立于资产管理人的其他资产，但是没有明确员工持股计划管理模式的信托性质，使得员工持股计划的财产不能明确适用“信托”法律的严格保护，将来一旦发生争议，只能通过法院释法的方式加以解决。上市公司员工持股计划对于计划受信人范围确定问题上也有待于进一步地明确，对于受信人的受信义务的履行标准问题上，仅笼统地规定了受信人有依照员工持股计划持有人“最大利益”行事的义务，但是对于该种义务没有具体规定，没有分别规定受信人的忠实和勤勉义务，属于重大遗漏，不利于全面保护参加员工持股计划的员工的切身利益。

此外，《试点指导意见》规定员工持股计划持有人会议可以授予作为受托人的资产管理机构行使股东权利，这里的“股东权利”包括哪些权利，《试点指导意见》没有明确。笔者认为，主要应当包括投票权和资产收益权。

资产收益权应当由立法明确归属于资产管理机构管理下的员工持股计划；投票权经委托可以由资产管理机构统一行使，但是否由资产管理机构按照自己理解的“为员工持股计划最大利益”原则行使，还是由员工持股计划持有人会议给出决定，资产管理人只是按照持有人会议决议代为投票，建议立法予以明确。

第四章　员工持股计划参与上市公司治理的法律机制

第一节　员工持股计划参与上市公司治理的路径选择

一、员工持股计划参与上市公司治理的基础：改变公司资本结构

以上市公司的公司治理为代表的现代公司治理是一种企业制度安排或制度框架，其主要内容是公司权利的配置和制衡（刘汉民，2008），也就是说，如何在公司内部划分权力并在权力之间形成相互制约。广义上的公司治理是内部治理机制和外部治理机制共同组成的一个整体，内部治理机制主要指股东会、董事会、监事会等组织制度安排，外部治理机制指公司外部的经理市场、证券市场、产品市场和控制权市场的竞争。良好的公司治理结构，可以解决公司各方利益分配问题，对公司高效运转、提高竞争力起到决定性的作用（朱慈蕴，2011）。当前阶段，上市公司的治理已经发展成为一个成熟的理论和实践体系。

现代公司治理理论认为，公司的资本结构是公司治理的出发点。资本结构不仅影响和决定了治理结构，而且通过所有权的配置和控制权的转移影响公司的治理效率和经营绩效。由此，员工持股计划因为参加计划员工集体持有的上市公司一定数量的股票，在一定程度上改变了上市公司的原有股权结构，必然会对上市公司的公司治理产生或多或少的影响，这是一种客观存在的现实，不以参加持股计划的员工的主观意志为转移。①

二、员工持股计划参与上市公司治理路径选择的考量因素

（一）需要考量的两大因素

笔者认为，员工持股计划参与公司治理需要关注两方面问题：第一，员工持股计划要被看作一个整体参与公司治理，这也是员工持股计划区别于员工个人购买上市公司股票的主要特点之一。不管是美国的员工持股计划，还是《暂行办法》规定的中国上市公司员工持股计划，都为员工持股提供了一整套制度安排，其中的主要特点之一就是都规定持股计划要由一定的组织或者个人来进行管理，持股计划所持的上市公司股票的投票权有一定的汇总机制，这不仅为员工持股计划作为整体参与公司治理提供了必要的前提条件，而且计划所持股票集中行使股票表决权，也为持股计划实质性影响公司治理机制提供了必要条件。第二，员工持股计划通过何种法律机制来参加到上市

① 例如，下文中将要论及的员工持股计划在上市公司控制权争夺中的作用，持股计划就在客观上成为上市公司控制权争夺战双方较量的工具，这不以参加计划员工的主观意愿为转移。

公司的治理机制之中。从逻辑上讲，无非有两种思路，一是在尊重现有上市公司治理机制的前提下，研究如何通过现有的参与渠道，让员工持股计划融入现有治理机制之中；二是为员工持股计划参与上市公司治理开辟专有的渠道，这又取决于两个方面，一方面是员工持股计划参与公司治理的重要性有多大；另一方面是现有的渠道是否可以满足员工持股计划参与公司治理的要求。循着这种思路，笔者作如下进一步的探讨。

（二）员工持股计划参与公司治理的特殊性分析

传统公司治理机制的理论起点是如何保护公司股东的利益，股东作为公司资本的提供方，是公司盈亏的承担人和公司剩余财产的索取人，公司的治理权限因此被配置给股东，因为理论上股东才最有动力作出有利于公司的决策。股东在公司治理机制中处于最重要的地位，是公司治理的逻辑起点和目的终点，即公司治理的最终目的是实现公司股东利益的最大化。相对于封闭公司，上市公司的股东结构相对分散，治理需要专业知识、专门的时间和精力，由此产生了公司所有权和治理权的分离，股东通过选任以董事会为首的公司管理层担任公司治理的实际执行人，为规范股东和管理层的关系进而产生了一系列的公司治理机制。相对于股东在公司治理机制中的地位，公司员工按照劳动合同获取相对固定的公司报酬，不是公司经营风险的承担人，传统上不属于公司治理的主体，而是公司治理机制的被动接受一方。但是，在实践和理论上，员工参与公司治理的呼声不断，其中，利益相关者理论和公司社会责任理论认为，公司员工是公司的相关利益主体，因此有权在一定程度上参与公司治理，以维护自身的合法权益。

基于以上分析，笔者认为，员工持股计划参与公司治理的特殊性主要来源于两点：一是员工持股计划参与者——上市公司员工的身份，既是上市公司的员工，又是上市公司的股东；二是员工持股计划是作为一个整体参与上市公司治理。关于第一点，计划参与者同时拥有两种身份，决定了员工持股计划既可以通过员工身份参与上市公司治理，又可以通过股东身份参与上市公司治理。员工和股东身份兼而有之，使得参加员工持股计划的上市公司员工有具备普通上市公司员工所不具备的信息优势，即对上市公司的治理和运营情况具有更多的感性认识和更多于普通股东的经营信息。与外部股东相比，员工股东可以接触到内部信息，知道公司的实际运营情况和管理层的能力大小和实际表现；外部股东则不容易得到这些信息。此外，员工股东的利益具有同质性，可以相对容易地协调行动，对公司经理层施加压力。再者，由于员工股东缺乏分散投资的能力，加上员工股东通过员工持股计划持有数量可观的股票，与可以进行分散投资的外部股东相比，员工股东更有动力监督经理层的表现。关于第二点，员工持股计划作为一个整体参与公司治理，这就意味着持股计划可以整合参与员工的意见和投票权，通过统一“发声”，形成有影响的发言权和投票权，从而通过现有的公司治理机制真正在一定程度上影响上市公司的治理。以下就现有的公司治理机制中员工持股计划参与上市公司治理的途径进行探讨。

第二节 员工持股计划参与公司治理的路径之一：员工参与制

一、基本思路

员工参与制和员工持股计划是两个不同的概念，并不互为前提。换言之，没有员工持股计划的公司，仍然可以实行员工参与制；有员工持股计划的公司，也未必一定实施员工参与制度。两者之间的关系是，员工参与制可以成为员工持股计划参与上市公司治理的渠道之一。理由在于，参加上市公司员工持股计划的员工人数众多，员工持股计划作为一个整体，具有集中投票权的制度优势，完全可以在已有的员工参与制框架内，选举可以代表持股计划利益的员工，担任职工参与制中的职工代表或者参加到职工参与的机构之中，代表员工持股计划“发声”，通过员工参与制来参与上市公司治理。

二、员工参与制及其理论依据

参加员工持股计划的上市公司员工，可以通过员工参与制参加上市公司治理。员工参与制，简称员工参与（worker participation），指公司员工通过某种机制或方式参加到公司治理机制之中的一种制度安排。在美国的相关文献中，员工参与和员工管理（employee-managed）在一定程度上通用（John R. Boatright，2004）。员工参与或者员工管理所形成的公司治理机制被称为“员工治理机制”（employee governance）。“股东治理机制”是与“员工治理机制”相对应的概念，在股东治理机制之下，公司控制权集中于公司股东或公司股东选举产生的董事会。上市公司股东定期投票选出公司董事，决策权被授予公司董事行使。董事会对公司和股东大会负责，通过股东大会对董事的任免和董事承担的信义义务对董事的行为进行约束。上市公司治理机制之中，股东治理机制（shareholder governance）占据了绝对的优势地位。[①] 传统企业理论认为，股东是公司的出资人，股东根据公司的经营情况获取公司剩余利润，在公司解散或破产时获取公司剩余资产，股东是企业风险的最终承担者。根据权利和风险相适应的原理，将公司决策权分配给股东更利于公司效率和公司在自由竞争市场上的生存和发展。但是，传统的股东治理机制忽视了员工在公司治理中所起到的重要作用。作为对股东治理机制的纠偏，员工参与理论主张员工应当在公司治理机制中拥有一定的权利，或是发言权，或是对于某些事项的决策权，员工往往要求得到在股东治理机制之下股东才能拥有的对公司某些事项的控制权。这种控制权或者通过员工参与决策直接行使，或者通过在决策机构的代表来间接行使（如在董事会的席位），还可以通过任命对员工负责的经理人的方式来代理行使。作为公司的出资人和公司风险的承担者，股东享有公司决策权具有深厚的理论基础和实践经验。传统公司治理理论中，作为公司雇佣的劳动力，员工出卖自

① 一般而言，上市公司的董事会成员由公司股东选举产生，因此，公司管理层控制公司的治理结构也归入股东治理机制。

己的劳动获取确定的薪酬。在劳动过程中，员工还要听从作为股东代理人的公司经理层的工作安排。在股东治理机制下，员工属于公司治理的被动接受一方。员工参与公司治理的理由何在？美国学者给出了多种理论解释。

公司权威合理化（Justifying authority）理论。该理论主要为美国学者Robert Dahl 和 Christopher McMahon（1994）所倡导。Dahl 把现代公司治理机制与政府的政治体制相比较，认为既然公司权力由一个集团行使，那么这种权力就要经过合法化证实，这种证实务求经过必要的民主程序，即要有员工参与的过程（Robert Dahl，1985）。McMahon 则认为，公司经理行使公司权威基于权威接受者——员工团体的自愿，经理人在经济组织之中的权威只有通过某种方式对员工负责时才能印证其合法性（Christopher McMahon，1994）。Dahl 和 McMahon 一致认为，员工在公司的地位如同市民在国家政治中的地位，正如市民有权参与国家政治，员工同样有权就影响员工权益的公司事项参与决策。

员工自由（freedom）和自主（autonomy）权利理论。该理论提出人Brenkert 和 McCall（2001）认为，现代公司的管理对员工的个人尊严缺乏应有的尊重，否定员工的自由权利，其结果就是导致马克思主义理论描述的劳动的异化（alienation of labor）或者导致对员工自由权利的否定。该理论认为应当通过合作性安排替代公司内部的等级治理机制，目的是使工作场所更加平等、民主和富于参与性。该理论把参与公司决策视为员工应当享有的固有权利，认为员工参与公司治理具有道德上的优越性（Brenkert，1992；McCall，2001）。

企业所有权要素理论（Determinants of Ownership）。该理论提出者John R. Boatright认为，资本和劳动同样属于企业所有权要素。股东作为资本的提供者，承担着公司的投资风险，享有公司剩余利润和公司剩余资产的索取权。公司法将公司重要事项的决策权赋予股东，作为股东实现上述权利的保障。同样地，劳动具备资本的增值性特征，员工是企业劳动资本的提供者，员工收益主要表现为工资薪酬。虽然员工薪酬具备确定性和优先性，但是仍然存在着公司支付不能的风险。此外，员工人力资本具有只能激励不能强迫的特性，这就决定了公司一般要通过工资之外的某种形式的利润分享来对人力资本进行激励。为员工设定某些参与决策权，就是为了保护员工对薪酬和分享利润的索取权（John R. Boatright，2004）。

利害关系方理论（interested party）。美国学者Scott Buchanan认为，美国各州应该制定有关企业民主的法律，赋予员工选举董事的权利，以促进形成企业组织的民主化。企业决策不能只关注股东的利益，还应兼顾作为利害关系方的员工的利益。现代市场经济社会，员工和公司的联系日益紧密，甚至超过了股东和公司之间的紧密度。公开公司的股东通过分散化投资降低了投资风险，并且，股东可以随时在股票市场上卖出股票，这就使得股东对于公司的依赖性和依赖心理日益降低，很多股东没有兴趣、能力或财力去扮演企业主的监督角色，对公司日常的经营活动日渐消极。与此同时，员工依靠公司取得劳动收入、获取社会地位和社会认可，员工与公司之间的关系日益密切，许多员工也以公司成员和公司内部人自居。“一方面是公司和股东的人合关系日渐淡漠，而另一方面公司对员工所负担的社会义务日渐增加”

（Rolf Thusing，Der Arbeitgeber，1979），因此，赋予员工一定的公司事务参与权就成为理所当然的事情。

三、员工参与制的利弊分析

以上理论有着一个共同的隐性前提，就是员工治理机制可以在自由竞争的市场环境下生存和发展下来，能够通过优胜劣汰的现实考验。但是，与众多的员工参与理论探讨形成鲜明对比的是，除了法律强制性规定（如德国、荷兰和北欧国家）或者处于特定的市场条件（如西班牙的蒙德拉贡工人合作社）下之外，在以公开公司为代表的现代企业之中，自发选择员工参与公司治理体制的企业并不多见。主要原因是员工参与制自身的缺点，主要表现在：决策成本高、缺乏效率。现代企业管理理论认为，公司决策需要成本，包括信息的收集成本和分析成本，将企业决策控制在一个相对人数较小的、同时成员具备决策能力的小团体范围内，可以节约决策成本、提高决策效率。一般而言，员工缺乏专业的决策能力，而且，如果参与决策的员工人数过多，就可能导致决策过程的过度民主，导致决策效率的降低。此外，公司股东的决策目标相对单一,一般追求实现公司利润最大化；而员工决策往往追求工作满意度、工作安全、福利、升职、薪酬等多重目标，并且参与决策的员工内部各自偏好的决策目标不一样，员工内部要对决策目标进行平衡和协调，这往往意味着讨价还价过程的拉长，直接导致决策成本过高，效率降低，甚至可能出现决策不能的现象（Henry Hansmann，1990）。因此，过分强调员工参与决策的企业往往不能适应瞬息万变的市场需要，削弱了企业在自由竞争的市场环境下的生存和发展能力。

员工参与制也有优点，主要表现在：一是完善公司经济民主，改善劳资关系。员工参与公司治理属于公司经济民主的范畴，是现代民主理念在公司领域的延伸。股东代表和员工代表经常性地在董事会或者是其他决策机构中协商性沟通、探讨、谈判、妥协，最终形成双方都能够接受的方案，并就此作出公司决策，有助于实现股东和员工之间的利益平衡。“预防、减少和化解劳资纠纷，促进公司的经济民主和秩序安宁”（刘俊海，1999）。二是提高公司经济效益。一方面员工参与可以协调股东和员工双方的利益；另一方面，公司管理层与员工，在生产和服务方面存在着信息不对称，员工参与就是在交流信息方面建立一个信息分享平台，可以提高产品和服务的质量和效率。员工参与可以鼓励员工发展一种合作的工作方式，让员工能够认识到参与公司管理可以达成共赢，员工就会主导监督同事的工作，减少工作中的偷懒和怠工。三是把一定范围内的公司事务决策权赋予员工可以节约决策成本。现代企业理论发展了传统理论对决策机制的认识，认为企业决策呈现从等级化向扁平化（flatten）发展的趋势。公司内谁处于决策成本最低、最能提高公司价值的位置，谁就应该拥有决策权（John R. Boatright，2004），分散决策成为节约决策成本的手段。上市公司需要各个层面的决策，员工处于公司生产经营的第一线，掌握第一手的信息，适当赋予员工在一定层次上的决策权，不必事事上传，可以节约决策成本，提高企业对市场需求的反应速度。此外，员工参与还可以提高员工的工作满意度和对公司发展目标的忠诚度，减少怠工和离职率。

四、员工参与制的典型模式分析：共同决定制

传统上，美国上市公司的公司治理实行典型的股东治理机制模式，[①]没有职工参与的历史传统基因。员工参与的典型模式在德国。德国公司把在公司中实施员工持股计划作为吸引员工参与管理，保留人才，促进企业发展的一项基本制度。员工持股计划为员工参与公司治理提供了所有权基础。员工股东既可以凭借股东身份享受普通股东投票权，又可凭借员工身份参加法定的员工参与公司治理制度。德国立法强制性要求在符合一定规模条件和行业条件的公司中施行员工参与制度，要求符合条件的公司预留一定名额的员工监事和建立企业职工委员会，实施共同决定制。由于规模大、雇佣员工数量多，德国的上市公司一般都适用于共同决定制，主要体现在监事会层面员工监事的共同决定制和企业职工委员会层面的共同决定制。

（一）员工监事参与公司治理

按照《德国股份公司法》，德国公司实行双层制的公司治理机制，董事会负责公司的经营管理，监事会地位高于董事会，董事会成员由监事会任免，监事会有权对董事会的经营管理活动进行监督，甚至监事会章程可以规

---

① 美国上市公司实行所有权和管理权两权分离的管理模式，公司管理层实际控制公司的运作，但是，在公司法理论上，管理层的权力归根结底来源于公司股东，所以，仍然可以把美国上市公司的管理模式归入“股东治理机制”。

定，特定类型的商事活动要经过监事会批准。因此，监事会是公司的实权机关，通过为员工代表预留监事席位的方式推行员工参与制可谓是“正中靶心”。员工通过监事会参与治理有三种模式。

第一种模式是对等共决权。1951 年通过的《煤钢共同决定法》是德国第一部规定员工参与制的法律。二战后，出于尽快恢复经济的考虑，为了得到煤矿业和钢铁行业工会的支持，西德议会通过该法。该法适用于雇工规模超过 1000 人，主要经营范围是煤和铁、接受矿业管理部门监督的公司。该法规定员工代表和股东代表等额参加监事会。监事会人数必须为奇数，监事会主席由员工代表和股东代表以多数决议选举产生，主席要严守中立立场。如果双方不能就某位人选达成一致，则应进行既耗时又费钱的调解程序。如果双方还是不能达成一致，股东大会作最后决定。监事会里的员工代表由企业的工人理事会选举产生，既要有蓝领代表，又要包括白领代表，也可以选举与公司没有任何经济利害关系的人作为职工方代表。此外，员工代表还有权参加董事会，并且担任人事经理。监事会对于董事会中的职工代表的任免决定要经过监事会绝对多数成员同意才能通过。由于监事会中职工代表与股东代表参半，没有职工代表的支持，罢免董事会中员工代表几乎不可能。

第二种模式是三分之一参与权。1952 年《企业宪法》的背景是当时的德国工会试图把适用于煤钢企业的对等共决权推广到其他行业的大公司中去，遭到当时的政府和雇主协会的强烈反对。作为折中方案，德国议会通过了《企业宪法》。该法规定，除雇工少于 500 人，或者成立于一定年限之前的家族控制的公司之外，所有股份公司的监事会都要有三分之一的员工代表。员工代表通过全部员工开会选举产生。2004年5月18日颁布的《三分之一参与法》，适用于雇佣500—2000人的资合公司。该法规定，公司监事会成员数目必须是三的倍数，员工有权决定三分之一的监事会席位。与《煤钢共同决定法》规定的员工代表和股东代表在监事会对等名额相比，《企业宪法》和《三分之一参与法》规定的员工参与程度显然不如前者，但是适用这两项法律的公司脱离了行业限制，不再只限于煤钢企业。

第三种模式是共同决定制。1976年的《共同决定法》关于共同决定制的立法，是工会和雇主组织相互妥协的产物。该法适用于雇员2000人以上的公司。在这些企业的监事会中，股东代表和员工代表各占一半。该法对监事会人数是否是奇数没有要求。监事会主席原则上由股东代表担任。监事会中的员工代表要有一定数额的公司员工和一定数额的工会代表。工会代表由蓝领工人和白领工人共同选举产生。除工会代表外的员工代表名额，按照蓝领工人、白领工人和管理人员三组予以分配，由各自的团体选举产生。与《煤钢共同决定法》相比，《共同决定法》不再以特定行业来决定法律适用的范围，监事会主席确定由股东代表担任，不要求其表决时要遵从中立立场。实践中，监事会主席往往倾向于股东利益。如果表决结果不分胜负，则进行第二轮投票。在第二轮投票时，监事会主席拥有两票。与《企业宪法》相比，《共同决定法》增加了员工代表在监事会中的席位。

（二）企业职工委员会参与公司治理

除监事会层面的员工监事和共同决定制之外，德国企业职工委员会制度为员工参与提供了另一制度保障。德国企业的职工委员会有着近百年的传统，是与工会并存的另一工人组织。有关企业职工委员会的规范主要来自于德国1972年颁布的《企业组织法》(2001年修订)。该法规定，企业职工委员会由企业全体员工不记名、直接选举产生，任期四年。一般选举企业中等级和职位不高的员工进入职工委员会，高级职员应当完全被排除在外。企业职工委员会成员可以脱产而不减薪，委员会工作需要的经费由雇主公司补贴，雇主有必要及时、全面地向工人委员会通报委员会履行职责需要的各种信息，并随时按照其要求提供有关资料，工人委员会需要的专业知识，可以通过其成员接受必要培训和向企业内部、外部专业人士咨询的方式来解决。职工委员会成员享受广泛的解雇保护条款，以对抗企业的报复性解雇。工人委员会负责接受员工反映的各种问题，按照德国联邦劳动法院的观点，还有权主动向员工征询意见。此外，企业职工委员会负责每年召集不超过六次的企业职工大会。

在雇主公司的关系上，法律规定两者是合作关系，企业职工委员会不能以劳资斗争威胁雇主；作为回报，企业职工委员会享有一定程度的参与权，与雇主至少每月举行一次会议，就有争议的问题进行探讨。依照《企业组织法》，企业职工委员会主要有以下参与权：(1)谈判权。接受雇员建议，并通过与雇主谈判了结事项的权利，但是，谈判不成，有关事务就不了了之；(2)意见权。雇主作出某些决定前，应听取企业职工委员会的意见，尤其是在解雇员工之前，然而，企业委员会的意见对雇主没有约束力；(3)拖延权。就某些事项，企业职工委员会的态度虽然不能阻止雇主决定，但可以拖延，或者对决定的后果产生影响；(4)行使共决权。企业职工委员会在法律明确规定的范围内，享有共决权。共决权是职工委员会工作的重点，也是《企业组织法》的核心内容。所谓共决，是指在法定的领域内，企业职工委员会和雇主公司必须共同行动，单方决定无效，企业职工委员会有动议权，一旦其在有权共决的领域提出建议，雇主必须就此与之谈判。按照《企业组织法》规定和法院判例，企业职工委员会的共决权主要适用于以下领域：(1）社会事务领域，包括企业秩序与员工行为规范；工作时间和工作时间分配；临时缩短或延长通常的工作时间；薪酬的支付时间、支付地点和方式；在雇主与员工不能达成共识的情况下，制定一般休假原则和休假计划以及个别员工的休假时间安排；引进和适用监督员工行为和工作效率的技术设别；防止劳动事故和职业病、在法定健康保护或者事故防范法律框架内的健康保护；企业的福利设施的形式、配置和管理；确定企业薪酬，尤其是制定薪酬原则、引进和适用新的薪酬办法及其变动；企业建议制度、班组工作原则等方面。(2）参与人事事务，包括介入人事计划；具体的人事规划措施；参与人事方面的个别措施；参与决定企业的培训制度；保障就业的建议等；(3）参与经济事务，包括企业变动，例如限产停产、搬迁、合并分立、采用全新工作方法和制作工艺等；企业变动之中的利益平衡；社会计划；就业培训、劳资协议社会计划等方面。

由上可知，德国公司员工通过企业职工委员会参与公司治理的事务范围，尤其是共决权的事务范围基本限于与公司员工利益直接相关的公司事务，不包括公司日常和战略上的商务决策。相比之下，通过员工监事参与公司事务的范畴要广，股东监事可以参与的公司管理和公司决策，员工监事都可参与。德国上市公司员工参与力度之大，在某些情况下，甚至使得德国政府要求限制员工股东的投票权。2009 年 9 月，德国政府就表示，欧宝公司员工不能因持有新欧宝公司 10% 的股份而获得额外的投票权，原因是欧宝公司监事会的半数席位都代表员工利益，如果员工获得额外席位，将得到绝对多数的投票权。[①] 值得注意的是，虽然德国的共同决定制运行的效果尚可，却没有得到公司和公司股东发自内心的赞同，制度能够实施的原因，基本上是出于法律强制。甚至在 1976 年《共同决定法》颁布后，有企业和雇主协会向联邦宪法法院起诉，要求审查该法的合宪性。虽然宪法法院在 1979 年认定该法的合宪性，但是，对于公司股东和雇主公司来说，共同决定制更像是立法者从外界强加的一种负担，并非他们的自愿。

五、中国上市公司中现有的员工参与制

中国上市公司治理机制主要依据《公司法》、证监会颁布的《上市公司章程指引》、《上市公司治理准则》。《公司法》第 109 条规定，股份有限公司董事会中可以有公司职工代表。董事会中的职工代表由公司职工通过职工代表大会、职工大会或者其他形式民主产生。第 118 条规定股份有限公司监事会成员不得少于三人，应当包括股东代表和适当比例的公司职工代表，其中职工代表的比例不得低于三分之一，具体比例由公司章程规定。监事会

① 《德国政府：欧宝员工不会因为持股获得投票权》，世华财讯 http://auto.ifeng.com/news/internationalindustry/20090923/111865.shtml，访问日期：2009 年 9 月 23 号。

中的职工代表由公司职工通过职工代表大会、职工大会或者其他形式民主选举产生。2006 年修改之后的《上市公司章程指引》第 96 条注释规定，上市公司章程应当明确本公司董事会是否可以由职工代表担任董事，以及职工代表担任董事的名额。董事会中的职工代表不是由股东大会选举产生，而是由公司职工通过职工代表大会、职工大会或者其他形式民主选举产生后，直接进入董事会。2002 年由证监会和国家经贸委颁布的《上市公司治理准则》第 81 条规定上市公司应尊重银行及其他债权人、职工、消费者、供应商、社区等利益相关者的合法权利。第 85 条规定上市公司应鼓励职工通过与董事会、监事会和经理人员的直接沟通和交流，反映职工对公司经营、财务状况以及涉及职工利益的重大决策的意见。

由此可知，我国上市公司实行强制性职工参与制度，具体方式是强制设立职工监事和由公司章程选择是否设立职工董事。鉴于公司章程的制定和修改由股东大会决议通过，也就是说，股东大会决定是否设立职工董事。职工监事和职工董事由职工民主选举产生，直接进入监事会或董事会。实践中，中国上市公司基本上按照占监事会人数三分之一的最低要求设立职工监事；另有少数上市公司设立 1 名职工董事，大多数上市公司选择不设立职工董事。职工监事和职工董事多由公司党委领导、工会领导或公司管理层兼任，真正由“蓝领”工人担任的情况不多。

对于职工董事和职工监事的职权和参加决议的范围，法律和证监会规范性文件没有特别规定，我们可以推定，他们拥有和股东代表相等的权利，参加决议的范围既包括涉及职工利益的重大决策，也包括公司经营和财务等事务。职工董事和职工监事没有类似于独立董事或德国企业职工委员会对特定事项的一票否决权。在享受同等权利的同时，作为职工代表的董事和监事和作为股东代表的董事和监事负有同等的义务，不能因为是职工代表而只享受权利不承担义务。2010 年中国证监会处罚南京中北（集团）股份有限公司虚假信息披露一案，证监会认定该公司职工董事周某某缺乏作为上市公司董事的勤勉尽责意识，未对公司重大事务实施必要的、有效的监督，在相关董事会决议上签字，对公司发布虚假信息应承担责任。职工董事周某某表示，自己并不参与公司日常经营，公司信息披露违法所涉及的事项，纯系少数内部人“瞒天过海”所为，自己对涉案事项既未参与、也不知悉，因此不应当承担责任；而且，职工董事的履职行为是全体职工的群体行为；与对股东负责相比，职工董事更侧重于向职工代表大会负责；职工董事参与公司重大经营决策存在局限。周某某据此请求免责。证监会认为，虽然职工董事的产生方式与其他董事有区别，职工董事制度是上市公司职工参与企业民主管理的重要渠道，但是，职工董事在证券法上应当承担的义务与责任，与其他董事是同样的，在上市公司信息披露违法情形出现时，职工董事的责任并不因其产生方式的不同而当然得到豁免。最后，证监会给予周某某警告处分。①

中国的员工参与制度有其不完备之处。员工参与最重要的一种方式就是参与公司决策。中国公司法规定，上市公司董事会负责公司的经营管理，是

---

① 证监会网站，2012 年（10）处罚决定书，http://www.csrc.gov.cn/pub/zjhpublic/G00306212/201005/t20100506_180071.htm，访问日期：2017 年 1 月 25 日。

公司治理的核心机构。职工董事是否设立属于公司的自愿选项。基于分权的担心，无论股东还是公司管理层都不倾向为员工预留董事席位。而监事会只是公司业务的监督机关，而且这种监督基本限于事后监督。监事会不是公司业务的决策机关。与德国公司的监事会产生董事会的制度不同，中国公司的监事会是和董事会平行的公司机关，都由股东大会选举产生，监事会没有对董事的任免权，在法律上和实践中难以对董事会形成有效的监督。不仅是法律要求设立的职工监事，甚至监事会本身，在实践中基本成为公司机构的“摆件”，鲜有监事会在公司治理中发挥重大作用的情况。不仅如此，就职工监事制度本身而言，没有明确规定职工监事本身是否必须来自蓝领、白领还是中层管理人员。实践中许多职工监事是企业党委、工会的领导和各级管理层，虽然是经过了选举程序，但在是否真正代表职工利益问题上值得探讨。因此，中国上市公司职工参与虽然具有法律强制性，但是法律力度弱、规定不够细，实践中的效果也不理想。

笔者认为，最简单的改良办法就是在公司法中强制规定上市公司必须预留一定比例的职工董事职位，让员工代表能够参加作为公司经营机构核心的董事会的运行；此外，应该详细规定职工监事的产生办法，借鉴德国法的经验，规定职工监事按照“蓝领”、“白领”和中低级管理层分类选举各自代表，以扩大职工监事的代表面。同时，通过立法规定职工董事和职工监事在任职期间和任职之后一定时间内的免受不当解聘的权利，以免除职工代表工作的后顾之忧。

第三节　员工持股计划参与上市公司治理路径之二：集中行使股东权

一、股东参与上市公司治理的一般原理

上市公司是典型的资合公司。上市公司股东之间不存在类似于封闭公司股东之间的人身信任关系。上市公司股东所有权和企业经营权发生分离，股东不再有能力、精力和意愿直接经营上市公司，股东对上市公司不是直接的控制，而是通过委托—代理机制，将上市公司的业务经营和事务管理委托给董事和经理。在此基础上，设立了股东大会、董事会和监事会（英美法系国家一般不设监事会，以独立董事、董事会中的审计委员会等代之）等公司内部机构，目的是在公司运作过程中形成权力制衡的机制。股东大会通过法定或公司章程规定，保留若干股东至关重要的公司事务的决定权，其他公司的经营事务委托给以上市公司董事会为首的公司高级管理层，并由上市公司监事会或独立董事负责监督，从而形成一整套公司治理体制。

在形成公司团体意思的机制中，资本多数决成为基本的表决规则，公司治理结构中公司的资本结构成为影响公司治理的主要因素。上市公司的股东组成股东大会，董事会由股东大会按照资本多数决的原则（在一定情况下，辅以累计投票制）选举产生若干董事组成，代表全体公司股东的权益，是上市公司执行公司业务的常设机关，既是股东大会的意思执行机关，又是日常

经营业务的决策机关，董事会是公司治理结构和经营管理权的核心。因此，股东参与上市公司治理的方式，主要有两种：一是在股东大会上对法定或章定的需要股东大会行使决定权的事项行使表决权；二是通过选举或罢免上市公司董事的方式间接影响公司政策的走向。这两种方式，均是按照“一股一票”的原则，建立在资本多数决的表决规则之上。因此，股东在公司资本中所占比重成为股东影响公司治理机制的关键。

虽然在理论上股东有渠道参与上市公司治理，但是，大型公众公司的股东，尤其是小股东的地位有限。《现代公司与私有财产》的作者伯利和米恩斯在该书中已经指出：公众公司的所有者——公司股东已经逐步失去了对于公司的控制权，公司的控制权已经实际掌握在公司的经营者手里。股东只是一群没有组织的群体，而且缺乏足够的信息以作出明智的决定，只能盲目地投票支持经理层的提议，股东事实上并不能通过投票权来实际掌控公司。因此，除控股股东之外，上市公司的一众分散的小股东往往对公司的经营和事务表现出“理性的冷漠”。绝大多数小股东会认为对公司的投资收益才是最重要的。分散投资理论为小股东分散了投资风险，对上市公司经营者不满意，小股东往往相信“华尔街规则”，将手中的股票一抛了事，而不是去寻求改善上市公司的管理。

二、员工持股计划参与上市公司治理的优势

（一）信息优势和参与动力

与外部小股东相比，参加员工持股计划的员工股东具有信息优势。员工

股东可以接触到内部信息，知道公司的实际经营情况和管理层的能力大小和实际表现。因此，具有参与公司治理机制所需要的有关上市公司的各种经营和管理信息优势，容易做到有的放矢。

此外，员工股东缺乏分散投资的能力，美国的员工持股计划在员工就职期间不允许转让，中国上市公司员工持股计划则在36个月内不允许赎回，不能够通过转让股票规避上市公司的管理和经营风险，员工股东通过员工持股计划持有数量可观的股票，更有动力监督经理层的表现。

（二）组织优势和关键少数作用

参加员工持股计划的员工参与公司治理具有外部小股东所不具备的组织优势。参加员工持股计划的员工股东的利益具有同质性，可以相对容易地协调行动，对公司经理层施加压力。员工持股计划作为一个整体参与公司治理，这就意味着持股计划可以整合参与员工的意见和投票权，通过统一“发声”，形成有影响的发言权和投票权，从而通过现有的公司治理机制真正在一定程度上影响上市公司的治理。通过员工持股计划，成为上市公司股东的员工可以成为积极、有效的公司治理机制的参与者，特别是在员工股东（employee shareholder）持有数量可观的公司股票的情况之下。员工股东能否在一定程度上影响公司治理机制，取决于公司是否能够建立相应的制度来保障员工股东实施影响。员工参与能力的高低则依赖于员工股东作为一个团体的内部凝聚力量的机制。即使员工持股计划持有的公司股票份额较小，也可以在适当的情况下，发挥关键少数的作用。

三、美国员工持股计划参与上市公司治理的概况

美国的立法没有强制性规定要求公司实行员工股东参与公司治理的制度，是否实行员工股东参与的公司政策，属于公司自由、自愿的选择。学术界的主导观点认为，员工参与是涉及权利的问题，这种权利超越了法律制度的范畴（Julian Phillips，1984）。美国员工持股计划的发展目标中从来就不包括员工参与。凯尔索设计员工持股计划是为了让员工有机会持有雇主公司的股票，借以获得工资之外的资本收入，制度设计的主要目的是通过扩大资本基础的方式改良资本主义，意在员工对公司的经济参与，强调让员工享有公司股票带来的经济收益，而不是参与管理。按照凯尔索的观点，员工参与可能导致公司管理的业余化（amateur management）（Julian Phillips，1984）。在 1978 年美国国内税收法给予参加员工持股计划的员工以有限投票权的时候，凯尔索的主要支持者参议员朗就明确表示反对，理由是赋予员工投票权可能会超出公司原股东的容忍度（只愿意分享经济收益，而不愿意分享管理权），从而给员工持股计划的推行造成障碍。美国国会总审计署（general accounting office/GAO）对采纳员工持股计划的公司曾经进行过一项跟踪调查。1987 年 GAO 公布的调查结论没有发现企业绩效和建立员工持股计划之间有着明显联系，却发现员工通过一定组织机构参与企业决策和企业绩效提高之间存在着显著联系。[①] 换言之，员工持股计划只有和员

① 该调查进行了 6 年，跟踪了 111 家实行员工持股计划的公司的表现。参见 Michael E. Murphy，the ESOP at thirty：a democratic perspective，Willamette Law Review（Fall 2005）。

工参与相结合，才能促进企业绩效的提高。实践中，如果没有大量地持有雇主公司的股票，员工就不可能拥有重要的公司决策权（John R. Boatright，2004）。员工持股计划为员工参与公司管理提供了坚实的所有权基础。

美国的公司治理机制以公司资本的提供方作为制度设计的出发点和中心点。但是，由于上市公司股权分散，难以对管理层形成有效制约，造成公司管理层实际掌握公司控制权的局面。虽然理论上公司股东会有权处理影响到公司治理和战略方向的公司事务，但是实践中股东行使上述权利会受到诸如股权分散、信息不对称、协调股东之间的行动、监督管理层执行股东决定等多方面的困难。因此，股东对公司的控制权基本上被限制在对公司决议的投票权和参加股东年会的范围内。假定股东在某一个公司的投资仅仅是他分散投资的一部分，在监督成本由股东个人承担，但是监督成果由所有股东分享的情况下，单个股东一般缺乏参与公司管理、监督管理层的动力。在上市公司管理层道德缺失、能力和表现低下的时候，美国的上市公司股东更习惯于选择退出，而不是参与公司治理。股东抛售股票会引起股价下跌，公司会因此可能招致敌意收购。这就是曼尼提出的“公司控制权市场”理论。近三十年来，美国股票市场上机构投资者的兴起，在一定程度上改变了美国上市公司的治理机制。由于持有上市公司股份一般比例较大，抛售股票会引起股价大幅下跌，会造成其所持有股票的价值大幅缩水，所以机构投资者不能像小投资者一样，采取一抛了之的方式。机构投资者有压力、有动力参与上市公司治理。相比机构投资者，员工股东持股比重相对较小并且分散，因此，一般很少能够影响上市公司的治理结构。虽然美国法律赋予参加上市公司员工持股计划的员工以全部的股东投票权，但是员工股东基本上在公司治理中扮演一个被忽略的角色。由于员工股东参与公司治理，意味着公司管理层和大股东权利的削弱，上市公司经理层一般也不鼓励员工股东参与公司治理，甚至不鼓励员工股东参加股东大会。除员工报酬福利条款之外，公司经理层与大股东似乎在限制员工股东参与公司治理上达成了一致（Pendleton，Andrew，2001）。

如前所述，美国上市公司采用员工持股计划的目的从来就不是让员工参与公司治理，员工持股计划主要被上市公司用作反收购手段和低成本融资的工具。就算员工股东持有一个上市公司的大部分股票，员工股东的公司决策权也不可能随着股权的增加而增大，除非员工利用股东身份寻求改变原有的公司决策机制，但是在实践中这种情况又很少见。美国上市公司的员工通过员工持股计划和包括 401（K）计划在内的养老金计划往往持有雇主公司的关键少数股票，但是只是分享雇主公司的利润，行使通常被赋予全部股东的权利。在参与公司治理方面，与单纯实行员工利润分享计划的公司相比，除了和普通股东享有同样的股东投票权之外，参加员工持股计划的员工股东没有什么特别的优势。实践中，在以员工持股计划作为拯救公司手段的情况下（如美联航的员工持股计划），作为计划的一部分，员工代表常常被选入董事会，但是正如著名美国公司法学者 Hamilton 所指出的，员工参与机关制度的实验并未真正推广开来，即便已经试验过，也很难找到有利证据说明员工董事能够带来多少起色（Robert W. Hamilton，1991）。

四、中国员工持股计划参与上市公司治理法律分析

中国上市公司的股权结构的特点之一就是股权高度集中，存在控股股东或相对控股股东的上市公司的数量较多，股权集中度大大高于国际水平，比德国高 18 个百分点，比美国高 30 多个百分点（马连福，2005）。股权高度集中和股权结构的相对安定，导致在上市公司的治理结构上，大股东控制上市公司的情况是多数，如何防止控股股东利用控股地位侵害上市公司利益、侵害上市公司中小股东利益，如何防止内部人控制上市公司是我国上市公司治理的重点工作之一。员工持股计划的建立，改变了上市公司的股东结构，引进了有动力、有信息和组织优势的新的股东方，为监督控股股东和内部人的行为提供了很好的利益主体，也为外部的中小股东通过行使股东权改善上市公司治理提供了一个可资借鉴的标杆和旗帜。

如上所述，投票权是员工股东参与公司治理的重要方式之一。关于员工股东如何行使公司投票权问题，按照美国员工持股计划的经验，员工股东的投票权或者是由股东个人决定后指示受托人投票，或者是受托人按照受益人最大利益的原则自行决定投票。实践中，采取第一种方式的美国上市公司居多，即采取了员工股东分散投票的原则，员工股东没有相互之间的协调，所以员工股东的投票结果很难影响到公司治理。中国证监会《试点指导意见》规定，员工持股计划最多可持有上市公司 10% 的股票。按照中国公司法规定，集合持有公司 10% 以上的员工持股计划是重要的公司治理机制的参与

者，除正常的股东权利之外，还特别享有一定条件的股东大会召集和主持权（《公司法》第 101 条）、股东大会临时提案权（《公司法》第 102 条，持有 3% 的公司股票即可）、派生诉讼权（《公司法》第 151 条）等重要权利。上述《暂行办法草案》第 11 条规定，参加员工持股计划的员工可以通过员工持股计划持有人会议选出代表或设立相应机构，代表员工持股计划持有人行使股东权利或者授权资产管理机构行使股东权利。

从行文上看，参加员工持股计划的员工不单独行使股东投票权，草案的立法本意是希望协调员工股东的投票权，让持股计划的投票权整体上作为一股力量的方式，对公司治理机制产生实际影响。笔者对此表示赞同。笔者认为，还应规定不论是由员工股东代表，还是授权资产管理机构代为行使股东投票权，都应以员工持股计划持股人会议对股东大会投票议案所作出的预备决议为准，并规定员工持股计划持股人会议作出决议的具体方式，如出席问题、决议通过需要的票数等，使得员工股东既不被剥夺投票权，又能集合起来通过投票权影响公司决策。

第四节 员工持股计划参与上市公司治理的特殊适用：上市公司控制权争夺

一、上市公司控制权市场的基本理论

上市公司是典型的现代企业形态。上市公司的股东众多，因为专业、能

力、精力、时间和意愿等原因，作为公司所有者的股东不会直接管理公司，而是聘请专门的公司管理人员对上市公司进行集中管理，形成了公司所有者和管理者分离的客观局面。1932 年，伯利和米恩斯在《现代公司和私人所有权》一书中，通过对当时美国公开公司“股权分散化”的观察，作出了公开公司的管理者而不是股东，实际拥有公开公司的控制权的经典结论。

现代企业理论认为，公司管理者的利益和股东的利益不一致，因此，会产生代理问题。① 公司股东可以选择通过加强对管理层的监督的方式，来降低代理问题所产生的额外成本。但是，由于上市公司股权相对分散，单个股东持股数额有限，理论上只按照持股所占公司比例来分担代理问题所带来的公司损失。如果股东选择监督管理层，就需要单独负担各种监督成本，监督收益却归于全部股东，其他股东免费享受了“搭便车”的便利和收益。此外，由于上市公司股票具有良好的流通性，如果股东对公司管理或者公司前景不看好，可以选择“用脚投票”，在市场上卖掉公司股票。上市公司股东通过股东大会决议的方式参与公司治理，单个股东所持有公司股票的数量有限，即使行使投票权，也很难对公司决策产生影响。还有，投资人可以依据现代分散投资理论，分散投资于不同公司，从而有效地降低投资风险，保障投资收益。因此，除持有公司股权份额较大的股东，如控股股东和机构股东之外，理智的（rational）单个小股东缺乏监督管理层的动力，对上市公司治理普遍缺乏关心。在上市公司召开股东大会时，由于众多小股东缺乏出席的意愿，

---

① 这种利益的不一致，会使得理智的管理者采取偷懒、职务消费、自我交易、利益输送、提高工资待遇等方式损害公司利益，为自己谋福利，公司治理理论上称之为“代理问题”。

管理层甚至需要通过征集投票权的方式来完成股东会决议的程序性投票要求。

现代公开公司的公司治理一般实行董事会中心主义，公司治理结构是，股东大会选举董事，组成董事会，然后，董事会挑选和聘用公司高级管理层对公司进行管理。公司经理人员出现低效率和公司经营不善时，董事会对公司高管施加压力，甚至是更换新的管理者。如果董事会这个层面解决不了问题，股东大会就会通过选举变更董事会。但是，由于公开公司股东众多，股权分散，在股东会召开会议和股东会决议时，多数小股东都希望别人来提问题，自己享受“搭便车”的便利，或者干脆卖掉股票，这样，就可能出现正确的意见在股东大会上不能成为多数意见的情况，实际控制公司的经理人员的低效率或道德败坏行为不能得到及时的纠正。

公司控制权市场理论（the theory of a market of corporate control）的出现，为解决此问题提供了另一条解决思路。1965年，美国学者亨利·曼尼（Henry G. Manne）提出了公司控制权市场理论。曼尼认为，公司控制权市场表现形式之一就是公司收购，在这个公司控制权市场中，现任的公司经营者因缺乏效率使得公司经营不善会导致股东接受收购者的报价而被撤换。公司控制权市场理论假设存在一个有效的资本市场，公司的经营效率可以真实地反映在公司股票的价格上。如果现任经营者不能采取切实可行的经营使得公司财产达到最有效的应用，那么，公司的股票就不能够达到最大化，经营者必定缺乏经营效率，现股价不能反映公司的真正潜力。这就为公司的收购者创造了一个收购机会，公司收购者可以通过收购该公司的股票获取其控制权，之后更换现任管理层，选定新经营者，以恢复经营效率，从而使股价最大化。由此，所有权与控制权的分离而产生的公司治理问题因为公司收购而得到有效解决，控制权重归所有者。公司控制权市场理论强调的是股东退出公司对现任经营者的惩戒作用，股东“用脚投票”以导致原经营人员出局；尤其强调敌意收购对经营者的监督与约束作用，即越过目标公司的经营者直接收购目标公司股东所持股票以达到控制目标公司的目的。

敌意收购（hostile takeover）是实现控制权市场理论的主要手段，指收购方在没有征得目标公司董事会同意的情况下，采取公开市场标购（tender offer）或私下协议的方式，向目标公司的股东收购目标公司的股票。一旦收购目标公司股票达到一定数额，收购方就可以提议召开股东大会，提名并选举己方董事，改造公司董事会，继而变更公司的现有管理层，达到改善公司效率的目的。敌意收购保证了公司管理者之间的有效竞争，对经营者形成压力，是公司治理的一个重要环节。上市公司控制权的争夺战中，还可能会出现敌意收购和征集投票权（proxy）相结合的做法，一般存在于敌意收购一方通过收购没有取得足够的控制公司的股票数量，所以要借助投票权征集来获得目标公司的控制权。

二、员工持股计划影响上市公司控制权市场的原理

敌意收购方取得上市公司控股权的控股股东地位后，一般会通过召开股东大会改选董事会，进而更换公司的管理层，最后取得公司的控制权。敌意收购的矛头指向上市公司的现任管理层，必然要遭到现任董事会为首的高级

管理层的抵制。现任管理层一般不会坐以待毙，会以维护公司利益为名，采取各种各样的反收购措施，为敌意收购设置障碍。常见的措施（measure）有毒丸战术、焦土战术、分级分期董事会、派克人、白衣骑士、白衣护卫、① 交叉持股、黄金降落伞等。针对这些反收购措施，敌意收购方往往会向法院提起诉讼，质疑现任董事会采取的这些反收购措施的合法性，要求法院对反收购措施发出禁令。

依照美国法律，目标公司董事会有权依据商业判断原则对外部收购是否符合公司股东的最大利益作出判断。因为敌意收购往往不利于现任目标公司的管理层，现任公司管理层一般愿意采取各种反收购措施，抵制敌意收购。20 世纪 80 年代末，美国上市公司开始把员工持股计划当作抵御敌意收购的新措施加以运用。员工持股计划在理论上具有提高员工士气，进而提高公司生产效率的作用，是一个很好的合法目的（legitimate purpose）（E. Anthony Lauerman，1990）。较之主要用于反收购目的的“毒丸”等战术，员工持股计划在反收购方面的作用要隐蔽得多。

员工持股计划之所以被当作抵御敌意收购的手段，是因为目标公司的现任管理层倾向于认为，持有公司股票的员工一般不会把股票卖给敌意收购方；② 而且，在公司股东大会投票时，持有公司股票的员工一般会作出倾向

① 在反收购措施中，“白衣骑士”和“白衣护卫”的区别在于前者谋求目标公司的控制权，后者则否。

② 美国 1974 年 RERISA 和公司员工持股计划文件一般会规定，上市公司的股票，即使是分配到员工个人账户的股票，也不能随意买卖，只有在员工退休、离职、死亡等条件下，员工持有的公司股票才能在市场上买卖。这就相当于固定了一部分公司股票，敌意收购方不可能通过标购或协议收购获得这部分股票。当然，员工可以通过辞职等方式，获得自由处分名下公司股票的权利。

于现任管理层的选择。这是因为：

第一，美国上市公司员工持股计划一般采取杠杆式融资模式，即上市公司实行员工持股计划的资金来自银行等贷款机构，员工持股计划信托基金（ESOP Trust）以使用贷款购买的上市公司股票作为担保物；或者上市公司自身为贷款提供担保。在员工持股计划还清贷款之前，债权式融资担保一直存续。美国 20 世纪 80 年代兴起的杠杆式公司收购自身同样依赖外界的债务融资，典型的杠杆式融资收购的方式是：A 公司希望收购目标公司 B 公司；A 公司成立 C 公司，除一部分自有资金之外，大部分的收购资金来源于 C 公司为收购 B 公司发行的专有目的债券，这种债券因为缺乏担保物担保，而被称为垃圾债券；C 公司收购 B 公司股票，成为 B 公司控股公司；之后，C 公司与 B 公司合并，C 公司为收购 B 公司所承担的债务也就成为 B 公司的债务，由 B 公司负责偿还。这样，作为上市公司的 B 公司，在承担员工持股计划担保之外，又负担另一个杠杆式债务，可能会影响到对员工持股计划所欠资金的偿还安全和员工持股计划的收益，进而影响到参加员工持股计划的员工的利益。另外，对目标公司收购成功后，敌意收购方往往采取整顿管理、整合业务等方式实现目标公司经济效益的提高。这一过程伴随着裁员、分割并出售目标公司资产等活动，会威胁到目标公司员工的就业安全（Job Security）。基于以上原因，参加员工持股计划的员工，一般会投票支持公司现任管理层。通过建立员工持股计划，目标公司管理层把公司股票交到对自己相对友好的员工持股计划手中，可以大大降低了公司被敌意收购的危险。

第二，建立员工持股计划，让员工持股计划持有上市公司一定份额的股票，可以加大敌意收购方（raider）为控制目标公司，需要收购的股票数额，提高敌意收购的成本；另外，员工持股达到一定数量，会使得敌意收购不能满足公司法的某些条款，导致收购方对目标公司的收购成为不可能。① 除此之外，员工持股计划还会加大反对股东通过征集投票权方式更换现任管理层的难度和降低实现更换管理层的可能性。

需要注意的是，员工持股计划并不必然倾向于公司现任管理层。美国的上市公司员工持股计划，参加计划的员工对分配到自己账户的公司股票有独立的投票权（independent voting right）。对于还留在悬置账户（suspending account）的未分配股票（unallocated share）的投票权，由员工持股计划信托基金的受托人（trustee/fiduciary）按照员工持股的比例，遵循镜面投票规则（mirrored voting rule）和比例投票规则（proportional voting），就未分配股票，依照以员工对已分配股票（allocated share）的投票选择，作出相同的投票选择。② 因此，员工持股计划是否会作出有利于现任管理层的选择，依赖参加计划的员工的个人选择。

参加员工持股计划的员工的利益并非完全一致，例如处于不同年龄阶段的员工的利益就不一致，将近退休年龄的员工面对收购方的标购，由于收购标购价格会高于上市公司的交易价格，这些员工有可能选择出售股份，获取

① 例如特拉华州《公司法》第 203 节的规定。下文详细论述。

② 对未分配股票的投票决定权，美国劳工部持不同意见，认为应该由受托人依照最有利参与员工利益的唯一标准，自行作出投票选择。

溢价（premium）；而新员工因为持有的公司股份不能买卖，出于保护工作安全的考虑，更倾向于支持现任管理层。正是由于参加员工持股计划的员工在利益上的差别，发生敌意收购时，存在着收购方对参加员工持股计划的员工说服、拉拢成功的可能性。因此，不能得出实行员工持股计划是为了对抗敌意收购的必然性结论。

三、美国法院对员工持股计划作为反收购措施的合法性审查

（一）美国法院审查反收购措施合法性的判断标准：商业判断规则

在面临第三方敌意收购时，目标公司以董事会为首的高级管理层处在严重的利益冲突的地位。对本来对公司和股东有利的敌意收购，董事会也可能出于“掘濠自保”（entrenchment）的私利，仍然通过反收购决议。在美国法的实践中，敌意收购方经常会就目标公司的反收购措施向法院提起诉讼，要求法院发布禁令或宣布目标公司的反收购措施无效。因此，美国法院对于目标公司董事会采取的反收购措施需要审查其合法性。所谓审查“反收购措施的合法性”，指法院审查目标公司董事会采取的反收购措施，是否是出于保护公司和公司股东的最大利益的考虑。

美国各州公司法把管理公司业务的权利授予公司董事会。公司董事会对公司和公司股东负有不可放弃（unyielding）的信义义务。公司董事会有义务保护公司免遭不符合公司最佳利益的要约收购（E. Anthony Lauerman, 1990）。在反收购决定权的归属问题上，美国法采董事会中心主义，即目标

公司董事会有权决定是否采取反收购措施和采取何种反收购措施。①

特拉华州法院在判断董事会反收购措施的合法性问题上，首先适用商业判断原则，商业判断原则要求公司董事在作出一项商业判断时，在合法和符合公司章程的情况下，要与该商业判断的有关事项没有利益关系，所知悉的有关商业判断的事项的范围是董事在当时情况下合理相信其是恰当的，并且理性地相信该商业判断是为公司的最佳利益作出的。② 商业判断原则是法院豁免董事责任的基本规则，出发点在于鼓励管理层大胆经营，抓住稍纵即逝的商业机会，从根本上有利于公司和股东利益。如果法院认为董事决策适用商业判断原则，则法院不会进一步就经营决策的内容是否得当进行审查。在审查反收购措施合法性问题上，美国法院适用商业判断原则存在一个假定的前提，就是公司董事的反收购决策建立在被充分告知（informed）的基础之上，并且董事善意地相信采取的反收购措施是出于公司最佳利益的考虑。如果董事作出决议前没有被告知情况（informed）或者不是出于善意，就不能适用“商业判断原则”。

由于在敌意收购中，公司和股东与现任管理层存在严重的利益冲突。公司管理层会倾向于保护个人利益而牺牲公司和股东利益。因为，美国法院要求目标公司董事会承担举证责任，证明其采取的反收购措施是基于公司和股东利益，而不是出于个人私利。Unocal Corp. v. Mesa Petroleum 一案，确

---

① 对待此问题的另一种立法主义是股东会中心主义，即只有目标公司股东会才有权就是否采取反收购措施和采取何种反收措施作出决议。该种立法主义的代表是英国法和我国香港地区法律。

② 美国法律研究院:《公司治理原则》分析和建议第 4.01 条 C 款。

立了董事会举证责任的合理性和适当性标准，其中，合理性标准是指收购行为对公司的经营政策和有效存在构成威胁；适当性标准又称比例标准，是指较诸收购行为的威胁，采取的反收购措施是适当的或合乎比例的。如果目标公司董事会能够证明以上两点，则可以就采取的反收购措施决议申请受到商业判断规则的保护。

（二）对员工持股计划作为反收购措施的合法性审查标准

目标公司董事会以员工持股计划作为反收购措施，同样面临法院关于合法性问题的审查。法院审查的标准首先是商业判断规则。但是，当适用商业判断规则的前提条件不能满足时，美国法院通过判例确立了整体公平（entire fairness）规则和主要目的（primary purpose）规则，作为审查反收购措施合法性的辅助原则。

1. 整体公平（entire fairness）规则：三叶草控购公司诉宝丽来公司案（Shamrock Holdings，Inc. v. Polaroid Corp.）

法律背景。特拉华州《普通公司法》第 203 节禁止利益相关股东（interested stockholder），即持有公司 15% 以上股份的公司股东，在成为利益相关股东起三年内，与特拉华州公司进行商业合并，除非在单次收购中，获得目标公司 85% 以上的股份。因此，敌意收购方要么在收购中获得 85% 以上目标公司的股份，完成收购合并；要么面临三年的冷静期（cooling-off period），期内不得与目标公司合并。对于目标公司来说，只要把足够数额的股份交到友好方手中，就能有效地挫败敌意收购方的威胁。

案情和判决。1988 年 6 月，在持有宝丽来公司大约 5% 的股份的情况下，三叶草控股公司通知宝丽来公司，提出要收购后者。同年7月12日，宝丽来公司召开特别董事会，通过了建立员工持股计划的决议，员工持股计划资金总额3亿美元，计划实施后，持有公司约14%的股份。① 按照特拉华州公司法，宝丽来公司的员工持股计划通过后，三叶草控股公司的收购计划几乎不可能实现。随后，三叶草控股公司在特拉华州衡平法院提起诉讼，认为宝丽来公司董事通过该决议，违反了董事的信义义务。9月，三叶草控股公司发起了对宝丽来公司股份的现金收购。

特拉华州衡平法院认为宝丽来公司的董事会决议不能适用商业判断规则，法院注意到了宝丽来公司董事会通过决议的仓促性，② 认为董事在作出决议时没有被告知全面情况。因此，需要对该决议的内容进行司法审查。但是，法院拒绝判决宝丽来公司董事会的该项决议无效。法院认为，即使员工持股计划在本案中被用作反收购措施，但是，该决议对公司和股东整体公平。所以，董事并没有违反其对于公司和股东负有的信义义务。

在判断员工持股计划对公司和股东整体公平的标准上，特拉华州衡平法院适用了“股东中立”(shareholder neutral) 规则。法院从员工持股计划的资金来源、对股东的影响、是否有助于提高生产效率、对股份权益的稀释效果、反收购效果等几方面，对宝丽来公司的员工持股计划进行审查。宝丽来公司的员工持股计划在财务上主要通过员工持股计划从银行获得的贷

① 在三叶草控股公司收购之前，宝丽来公司曾经讨论过建立不高于公司5%股份的员工持股计划。

② 宝丽来公司董事会会议只提前7天通知并且董事没有被提前告知决议的内容和背景情况，会议上也没有对员工持股计划的规模和资金来源进行讨论。

款（ESOP Loan）和员工工资的削减（pay cut）来实现。该计划提高了员工士气和生产效率。尽管该计划对原股东的权益有所稀释，但可由采用计划后提高的生产效率来部分弥补。虽然员工持股计划具有反收购的潜在效果，但是，该计划文件允许员工（participating employee）向收购方出售股份，而且在投票权问题上适用秘密投票原则（confidential voting right）、镜面原则（mirrored voting rule）和比例投票规则，把投票权赋予了参加计划的员工个人。收购人完全可以通过努力去争取参加计划的员工股东的信任和支持。因此，员工持股计划不能被假设为目标公司为收购人设置的障碍，故没有对收购人造成不公平。法院最终认定宝丽来公司的员工持股计划对公司和公司股东都是整体公平的。计划的反收购效果没有影响到员工持股计划的整体公平。

特拉华州衡平法院作出判决后，三叶草控股公司上诉到特拉华州最高法院，最高法院将此案发回重审。衡平法院重审后没有改变初审结果，仍旧支持了宝丽来公司的员工持股计划。最高法院拒绝发出禁令，迫使三叶草控股公司自动撤回了上诉和对宝丽来公司的邀约收购（tender offer）。

2. 主要目的（primary purpose）规则：NCR公司诉美国电话电报公司案（NCR v. American Telephone & Telegraph）

1990年12月，美国电话电报公司要约收购NCR公司的股票，希望获得NCR公司80%的股份，以便在预定1991年3月召开的NCR特别股东会上赶走NCR的现任董事会。之前，NRC公司曾几次讨论过建立员工持股计划，但都没有实际实施。面对敌意收购，NCR董事会匆忙通过建立员工持股计划的决议，向该员工持股计划发行相当于公司发行在外全部股份的 8% 的优先股。因为这个员工持股计划，美国电话电报公司不能实现获得 80%NCR 公司股票的目的。美国电话电报公司向俄亥俄州南区法院提起诉讼，要求法院禁止员工持股计划持有的占 NCR 公司 8% 的股票在 NCR 公司特别股东会上行使表决权。

通过了解案件事实，俄亥俄州南区法院认为，NCR 董事会通过建立员工持股计划的决议时，没有掌握足够的信息。因此，在本案中，对 NCR 公司的董事会决议不能适用商业判断规则。在审查员工持股计划的内容阶段，法院没有适用“整体公平”规则，而是适用了马里兰州判例法发展的“主要目的（primary purpose）”规则。该规则认为，在公司管理层的行为（action）客观上有利于管理层控制公司的情况下，只有在实施该行为的主要目的出于合法的公司目的时，该行为才能有效。考虑到 NCR 公司员工持股计划通过的时机以及计划建立决议时缺乏公司内部员工福利部门的参与和支持，管理层对建立员工持股计划是为了反敌意收购的目的从不讳言，计划发行的优先股所包含的经济奖励，使得理性的优先股持股人不可能反对现任公司董事会等情况，俄亥俄州南区法院判定，NCR 公司采纳该计划的“主要目的”是“掘濠自保”（entrenchment），而不是为了员工福利，最终判决 NCR 公司员工持股计划持有的 8% 的优先股不能参加特别股东会的投票。

（三）评析

在宝丽来案和 NCR 案中，目标公司管理层采纳员工持股计划的直接原因都是来自第三方的敌意收购，因为案情类似，对相关董事会决议，审理法院出于同样的理由都没有适用于商业判断规则。由于在不同的州法院审理，在审查决议内容合法性时，适用了不同的规则，最终得出不同的判决结果，这确实让人感到困惑。甚至有美国学者也认为，如果 NCR 案在特拉华州法院审理，可能和宝丽来案一样，适用“整体公平”原则，最终被法院认定为合法（Charles C. Shulman，2013）。

结合两案的案情和判决，得出在美国上市公司中建立一个合法的员工持股计划时，需要具备以下条件：（1）公司董事会讨论和建立员工持股计划的主要目的应该是出于员工福利，计划潜在的对抗敌意收购的防御功能应该放在第二位；（2）建立员工持股计划的资金应该主要来自第三方的借款和员工福利的扣减，这样有利于法院认定符合“股东中立”规则；（3）员工持股计划对应的股票类型最好是普通股；如果是优先股，那么就不要在股票上附加优惠条件，使得优先股股东反对普通股股东；（4）在董事会讨论决议时，应该告知董事会有关员工持股计划的充分信息，包括所有细节和员工持股计划的含义。（5）建立员工持股计划要在收购人要约收购之前。

特拉华州公司法和公司司法实践在美国处于领先地位，一半以上在纽约股票交易所和纳斯达克上市的美国公司在特拉华州注册。因此，与 NCR 一案相比，特拉华州衡平法院关于宝丽来一案的判决，显然对美国上市公司的实践产生了更大的影响。该案判决后，美国上市公司通过员工持股计划的数量急剧增加。

四、中国法对员工持股计划作为反收购措施的态度

自 2005 年中国上市公司实行股权分置改革以来，中国上市公司股份进入了全流通时代，上市公司并购重组市场日趋活跃。上市公司并购交易额占企业间并购交易额的比重逐年上升，2005 年以前平均占比不足 20%，2006 年到 2010 年的平均占比已达 48%，2011 年更是高达 67%。① 仅仅在 2013 年 10 月到 12 月之间，国内就发生了上百起并购案，其中由上市公司发起的投资、收购占七成以上。2013 年前三季度完成的 718 起并购案例中，上市企业完成 480 起，占比高达 66.9%。② 在中国的公司并购中，敌意收购时有发生，目标公司采取了各种反收购措施。③ 其中，目标公司以员工持股作为反收购手段的著名案例是发生在 2004 年的中信证券与广发证券之间的收购与反收购战。

（一）中信证券收购广发证券案

2004 年 9 月 2 日，中信证券公布收购广发证券部分股权的议案，并授权公司管理层与广发证券部分股东商谈公司收购事宜。广发证券董事会当夜召开会议，迅速制定了抵制措施：一是成立广发职工股公司，收购云大科

① 《中国证监会开始公示上市公司并购重组审核流程与审核进度》，中国证监会网站，www.csrc.gov.cn，访问日期：2013 年 12 月 25 日。

② 程心：《上市公司称并购主角风投被抢风头》，《重庆商报》2013 年 12 月 2 日。

③ 例如爱使公司章程之争的“董事会提名限制条款”、万科和伊利公司的“金色降落伞”、哈啤反收购中的“白衣骑士”、山东胜利反收购战中的“白衣护卫”等。参见汤欣等：《反收购措施的合法性检验》，《清华法学》2008 年第 6 期。

技、珠江投资、梅雁股份所持有的广发股权；二是游说第一大股东辽宁成大和第三大股东吉林敖东增持广发证券的股份。

9 月 4 日，广发证券员工持股的深圳吉富创业投资股份有限公司（简称吉富公司）召开创立大会，其《募股章程》将公司首要目标规定为：通过直接或间接形式，持有广发证券相当数量的股份，实现员工持股广发证券的目的。在成立短短一周之内，吉富公司自广发证券小股东手中受让了广发证券 12.23% 的股权，成为广发证券的第四大股东。之后，广发证券第一大股东辽宁成大和第三大股东吉林敖东分别增持了广发证券股份。由于辽宁成大和吉林敖东与广发证券的交叉持股关系，① 两家公司对广发证券管理层基本持友好态度。同年 9 月底，辽宁成大、吉林敖东和吉富三家公司持有广发证券的股权份额已经超过 51%。10 月 14 日，中信证券公告宣布，因要约收购广发证券的股权未达到 51% 的预期目标，要约收购解除。②

作为员工持股计划载体的吉富公司的及时出现和收购广发证券股权的迅速动作，很大程度上影响了广发证券其他股东的态度，成为广发证券反收购战成功的关键。

（二）中国法对上市公司员工持股作为反敌意收购措施的合法性审查

中国法对于上市公司收购的规制主要体现在《证券法》和证监会颁布的《上市公司收购管理办法》，其中后者的规范更具体、操作性更强。根据《上

---

① 广发证券职工持股会是辽宁成大的大股东，广发证券旗下基金是吉林敖东的大股东。辽宁成大和吉林敖东分别是广发证券的第一和第三大股东。

② 具体案情参考潘晓虹等：《中信证券广发证券角力收购战》，网易财经，http://media.163.com/special/z/zxsg20040922.html，访问日期：2004 年 9 月 22 日。

市公司收购管理办法》第 8 条和第 33 条规定，中国上市公司反收购措施的决定权归属目标公司股东大会，在收购开始之后，未经股东大会决议，目标公司高管被禁止滥用职权对收购设置不当障碍。

从法理上讲，对于目标公司股东大会作出的反收购决议，不应存在审查其合法性的必要。对反收购措施合法性进行审查的出发点和目的都是要保护目标公司股东的利益，防止目标公司董事会出于自己的私利（如掘濠自保），为收购设置障碍，贬损公司价值，最终影响目标公司股东的利益（转让公司股票给收购方，从而获得溢价收益）。董事和高管的信义义务体现在对待敌意收购时，他们要出于有利于公司和公司股东的利益考虑，采取相应措施。即如果收购对公司和股东有利，就应该支持收购，而不能在此过程中考虑其自身的利益。但是，董事和高管不可能在敌意收购中只考虑公司和股东利益，而不考虑自己的利益。他们可能会打着为公司和股东利益着想的旗号，采用反收购措施。因此，如果是董事会作出的反收购决议，确实存在审查其反收购措施合法性的必要。如果反收购决议是股东大会的决议，则体现的是多数股东的意见，那么就没有必要再审查其合法性。当目标公司采用员工持股计划作为反收购措施时，只要是股东大会通过的相关决议，就不存在法院或者是证监会审查其合法性的问题。

股东大会享有反收购决定权，董事会享有反收购决定的建议权。考虑到股东专业知识、精力和时间的不足，董事会需要为股东大会就收购问题提出自己的建议，供股东大会决议时参考。但董事会召集股东大会之前，董事会需要充分收集与收购有关的信息，必要时聘用外部专业人士（如会计师、律师、投资银行等）就收购价格、收购后的公司前景、收购的法律问题等方面出具专业意见，提供给股东大会作为决议参考。

本章小结

员工持股计划参与上市公司治理，是作为一个整体参与上市公司治理，与外部股东相比具有自身特有的信息、组织和动力优势。员工持股计划参与上市公司治理可以通过既有的两种途径，第一是通过员工参与制，德国的员工参与制具有典型性，员工主要通过监事会和企业职工委员会层面的共决制来参与上市公司治理。我国上市公司员工参与制具有法律强制性，但是形骸化严重，效果不好。员工持股计划的参与员工人数众多，具有组织、信息和动力优势，正好可以通过选择合适的员工担任员工参与制的代表，提高员工参与制的内在价值。第二是通过集中行使股东权的方式，美国的员工持股计划从设计之初就没有被打算用作参与上市公司治理，实际情况是员工持股计划名下的投票权一般掌握在上市公司管理层手中，可能会被用作巩固上市公司现有管理层地位的工具。中国上市公司员工持股计划的制度设计目的之一就是要基于员工持股计划持有的股票的投票权来影响上市公司治理，尤其是在特殊情况下发挥少数票的关键作用。

员工持股计划参与上市公司治理还体现在上市公司控制权的争夺战之中，员工持股计划被用作上市公司反敌意收购的措施。美国的司法实践存在对员工持股计划作为反敌意收购的合法性审查，目的是确认上市公司建立员工持股计划的决定没有违反上市公司董事对公司承担的信义义务。审查的标准是商业判断原则，在不存在适用该原则的情况下，则适用“整体公平原则”或“主要目的原则”。中国上市公司反收购措施的决定权归属股东大会，员工持股计划的建立决定权也归属股东大会，仿佛不存在对员工持股计划作为反收购措施和发行审查的问题，但是考虑到上市公司董事会实际拥有采取反收购措施和建立员工持股计划的建议权，所以笔者认为，有对董事会建议权进行司法审查的必要，以防止上市公司董事会利用这两项建议权“掘濠自保”，进而伤害股东利益。

关于是否赋予员工持股计划以专有的参与上市公司治理的权力，譬如赋予员工持股计划多于一般股东的信息权；赋予员工持股计划以一定数额的董事会或监事会名额等，笔者认为，员工持股计划虽然在理论上具备改善上市公司治理机制的潜力，但是还缺乏实践方面的验证，在此情况下，脱开现有的上市公司治理机制，赋予员工持股计划以特权，相当于赋予某一类股东以单独的特权，违背了上市公司治理中的股东权利平等的基本原则，因此是不可取的。不如依托现有的上市公司治理机制，在总结经验的同时，为员工持股计划参与上市公司治理思考和开创更为妥当、更为成熟的理论基础。

此外，需要关注的是，虽然从理论上分析员工持股计划具有参与上市公司治理，改善上市公司治理的制度价值，但是，笔者认为，我们不能忽视员工持股计划在实践中有可能会被上市公司管理层控制上市公司的工具，最终背离证券市场监管者的初衷，变异成为上市公司管理层巩固自身地位的工具。

第五章　上市公司员工持股计划中的内幕交易和利益输送

第一节　员工持股计划的利益机制与利益冲突

一、员工持股计划的利益机制

不管在中国还是在美国，上市公司员工持股计划都是一项由上市公司自愿选择适用的制度，上市公司员工在考虑是否加入持股计划之时，同样会考虑加入的利弊得失。作为一项选择性适用的制度，其推广适用的过程必须要借助一定的利益机制。因此，在制度利益机制设计上，员工持股计划必须要有足够的吸引力，才能使得上市公司愿意采纳该项制度，使得上市公司员工愿意加入员工持股计划。

美国员工持股计划制度设计的利益机制主要基于美国税法对于上市公司员工持股计划的税收优惠。从利益机制上看，美国员工持股计划得以迅速发展得益于美国国会赋予的各种税收优惠政策，以美国政府放弃巨额税收作为代价。美国税法给予参加员工持股计划的雇主公司、参加计划的员工和持股计划贷款人大量的税收优惠，以鼓励员工持股计划的发展。自美国国会在 1974 年通过《员工退休收入保障法案》将员工持股计划纳入退休金计划，可以享受纳税延迟待遇以来，为鼓励企业采纳职工持股计划，美国国会在 1974 年以后又陆续通过二十多个法案，为实行职工持股计划的企业和各有关利益方提供税收优惠。其中比较重要的法案有：1984 年和 1986 年的《税制改革法》(Tax Reform Act of 1986)、1996 年的《小企业就业保护法》(Small Business Job Protection Act of 1996) 和 1997 年的《赋税人信任法》。除联邦立法之外，各州还通过了相应法案，给予员工持股计划更大的税收优惠。

依据上述法案，发起员工持股计划的雇主公司、参加计划的员工、借款给员工持股计划的外部贷款人以及封闭公司向员工持股计划出售公司股份的原股东均享受各种税收优惠。首先，雇主公司对员工持股计划的捐助享受不超过参加计划员工工资总额 25% 的税前扣减。雇主公司发放给员工持股计划所持股份的红利，只要用于向贷款机构偿还贷款本金或利息，或者被转支付给员工个人，便享受税前扣减。其次，参加员工持股计划的员工，个人账户内的股票和红利 (dividend) 在提取前免交个人收入所得税；在员工 59 岁半 (或者退休员工 55 岁) 可以提取时，按照工资收入所得税率纳税，还可以采取分次提取等方式避税。第三，在杠杆型员工持股计划中，向职工持股计划提供贷款的银行或其他金融机构，因发放职工持股计划贷款而获得利息收入的 50% 可免收联邦所得税 (1996 年《小企业就业保护法》规定，1996 年以后实施的职工持股计划不再享受这项政策)；第四，封闭公司原股东把股票卖给职工持股会，且职工持股计划持有公司 30% 以上的股份的，原股东出售股份所得收入投资于美国国内证券，缓征其在出售股份时的资产收益。通过完善以税收优惠政策为核心的各项鼓励政策，美国员工持股计划迅速普及。1974 年的《员工退休收入保障法》颁布时，全美有约 40 万个退休计划，到 1986 年已经发展到 100 万个。

税收优惠在上市公司员工持股计划发展过程中同样起到了重要作用。1984 年之前，对员工持股计划的税收优惠待遇基本适用于私人封闭公司，适用于上市公司的不多。此外，上市公司采用员工持股计划需要满足特殊的会计要求，并且可能对每股净收益造成负面影响。因此，在 20 世纪 80 年代后期之前，采取员工持股计划的美国上市公司不多。1984 年和 1986 年的税收改革法案给予杠杆型员工持股计划若干税收优惠待遇，① 出于税务扣减和低成本融资的考虑，② 上市公司开始关注员工持股计划。以杠杆型持股计划为例，从上市公司自身来讲，持股计划可以为上市公司提供成本低廉的流动资金来源，还可以提高员工忠诚度，减少离职率，提高公司工作和经济效益；从贷款人角度讲，可以就贷款利益享受税收优惠；就参加计划的员工而言，可以不用花自己的钱得到雇主公司股票，还能享受个人所得税的递延待遇。1988 年开始，员工持股计划在美国上市公司中的规模和数量有了很大发展。据美国员工所有制中心数据显示，1989 年美国员工持股计划借款

① 具体内容见上文。

② 除此之外，上市公司采纳员工持股计划还出于反敌意收购的考虑，尤其是在特拉华州衡平法院关于三叶草控股公司诉宝丽来公司一案判决后者的员工持股计划合法之后。

240 亿美元，比 1988 年的 65 亿美元提高了近四倍。增加的金额基本上是上市公司员工持股计划的借款。1989 年的员工持股计划借款中，85% 的借款是上市公司借款（Karen M. Young，1990）。美国国会注意到了上市公司对员工持股计划的新应用，认为上市公司滥用了美国国会给予员工持股计划的税务优惠，因此，1989 年美国国会通过《预算和解法案》，对贷款方享受利息 50% 的扣减提出了前提条件，1996 年《小企业就业保护法》废除了贷款方享受 50% 利息扣减的待遇。税务优惠的减少，加上其他原因，① 美国上市公司的员工持股计划数量在 1989 年之后不增反降。当税法降低或废除了一部分针对上市公司员工持股计划的税收优惠，员工持股计划对美国上市公司采纳该制度的吸引力就大大降低，这也是 20 世纪 90 年代以来，美国上市公司采纳员工持股计划越来越少的原因之一。美国上市公司采纳员工持股计划的发展过程充分显示了税收的巨大作用。

综上所述，美国员工持股计划的发展很大程度上依赖于立法给予的税务优惠。美国政府每年资助员工持股计划上的花费（主要是税务扣减造成的税款流失）维持在 10—20 亿美元之间，其中 1990 年为 16 亿美元，2011 年为 18 亿美元。②

20 世纪 80 年代以来，综观中国推行员工持股的两次高潮的过程，同样可以看到清晰的利益机制在起作用。20 世纪 80 年代国有和集体企业推行员工持股的代价是国有资产和集体资产的流失。20 世纪 90 年代定向募集股份

① 其他原因包括，员工期权计划的授予对象的普及；20 世纪 80 年代末，美国敌意收购的减少。

② 数据源自美国 ESOP 协会 2010 年 2 月内部报告。

有限公司推行员工股的利益机制是一旦公司上市后，原始股价格和二级市场价格的巨大价差。2014 年证监会颁布的《试点指导意见》中有关员工持股计划的制度设计则缺乏清晰和足够的利益机制，尤其是对于上市公司员工而言，购买股票主要依靠合法薪酬，又不能在使用自有资金购股时享受折扣价优惠，同时又没有类似美国员工持股计划的税收优惠。相反，参加员工持股计划要受诸多限制，例如有禁售期等。与员工个人自行购买雇主公司股票相比，员工参加公司的持股计划没有优势，反而多了限制。在这种条件下，员工自愿参加公司组织的持股计划是为了什么？在没有其他利益机制的情况下，是不是只能寄希望于资金管理机构在二级市场的股票买卖操作水平？正常情况下，没有哪个资产管理机构能够做到只赢不输。为了吸引员工参加持股计划，上市公司管理层是否有让员工持股计划盈利的默示的承诺，那么，员工持股计划就可能成为内幕交易和利益输送的重灾区。因此，证监会在进行上市公司员工持股计划制度设计时，必须考虑采取合法、合理的利益机制，避免参加人自行采用不合法的利益补偿，作为制度推广的代价。具体讲就是，重新设计我国上市公司员工持股计划的利益机制，在员工购股的自有资金范围内，给予参加上市公司员工持股计划的员工以个人所得税优惠待遇。

美国员工持股计划利益机制的建设经验基本上限于三项内容：提供税收优惠，允许使用贷款和提供购股折扣。中国现行立法禁止使用贷款进行资本类投资，[①] 允许员工持股计划使用贷款购买雇主公司股票存在法律障碍。为

---

① 《贷款通则》第 20 条，借款人不得使用贷款进行股本权益性投资。

员工购股提供折扣的代价是上市公司原股东持有的股票价值被稀释，因此，必须由上市公司原股东通过股东大会自行投票决定是否接受这样的后果，这可能造成三个后果，一是侵犯了原有股东的权益；二是造成原有股东对员工持股计划制度的厌恶，反而不利于上市公司员工持股计划的推广；三是可能会在国有上市公司中造成国有资产的流失，使得法律问题变得更复杂。

相比之下，为上市公司员工持股计划提供税收优惠可能更具有可行性。目前的中国法律法规没有适用于员工持股计划的税收优惠。2014 年证监会《试点指导意见》也没有规定任何关于员工持股计划的税收优惠。虽然税收优惠问题已经超出了中国证监会的职权范围，属于立法机构、财政部和税务总局的职权范围，但是可以由证监会负责协调相关立法或规范性文件的发布。关于税收优惠适用的对象，笔者认为，应该是参加计划的员工，而不是上市公司。后者的资金实力已经足够强大，而且通过实施员工持股计划，上市公司可以得到诸如持股计划资金和股价的稳定或提升，以及员工忠诚度提高等利益，上市公司实施员工持股计划已经有了足够的利益作为动力，因此没有必要再把上市公司作为税收优惠的对象。按照目前我国的税收规范性文件的立法经验，涉及税种、税率的税收立法必须由全国人大或其常委会进行，但是涉及某一税种的具体适用，财政部、国家税务总局就有权发布规范性文件，例如关于建立中国版 401（K）计划的税收规范性文件《关于企业年金、职业年金个人所得税有关问题的通知》〔财税〔2013〕103 号〕，就是由财政部、国家税务总局和人力资源社会保障部三方联合发布的。中国证监会完全可以协调财政部、国家税务总局联合发布适用于上市公司员工持股计划参加员工享受个人所得税扣减或递延的规范性文件。

二、员工持股计划中的利益冲突

上市公司员工持股计划的制度设计，需要考虑持股计划参加人和发起计划的公司以及公司内部人之间会产生的一系列利益冲突。在这些利益冲突中，计划参加人和受益人是弱者，其利益容易受到雇主公司和公司内部人的伤害。计划参加人和发起公司及公司内部人之间的利益冲突主要发生在以下三种情况：

一是在员工持股计划建立阶段的利益冲突。如前所述，美国的员工持股计划建立决定权归属公司董事会。雇主公司董事会关于建立员工持股计划的决定，是其作为计划委托人的行为，不受 ERISA 项下受信人承担的受信义务的约束。换言之，在作出建立计划的决定时，不需做到只考虑参加计划的员工的利益。事实上，董事会作出决定时，考虑更多的是公司和公司内部人的利益。建立员工持股计划，对公司来讲可以通过借贷的形式筹集资金，[①]而且可以充分享受税收优惠政策，还可以作为抵御敌意收购的手段。对公司内部人（主要包括公司董事和高级管理人员）来讲，员工持股计划可以让内部人在自身并不持有大量公司股票的情况下，也有可能控制公司。上市公司实施员工持股计划，还可以提振公司股价，较高的公司股价触发了股票

① 员工持股计划是美国《员工退休收入保障法》中唯一允许使用借贷资金建立的符合税收优惠政策的退休计划。

期权、奖金和激励条款（以公司股价表现为必要条件之一）的行使条件，公司内部人因此可以得到更多的报酬。此外，在兼并外部公司时，公司股价保持高位可以为公司内部人提供很好的兼并对价的支付手段（以公司股票作为收购其他公司的代价），而公司兼并导致的公司资产规模的提升，反过来又成为公司内部人要求得到更高薪酬的借口。由于以上原因，与其他分散投资的退休计划相比，美国上市公司董事会更青睐采纳员工持股计划（或者是与 401（K）计划相结合的 KSOP）作为公司员工的退休计划。现代证券投资理论告诉我们，分散投资可以在保持投资收益的情况下，有效地降低投资风险。员工持股计划主要投资于雇主公司股票，较之分散投资的其他退休计划，风险更大。安然公司、世通公司的股价大崩溃已经为我们敲起了警钟，在证券市场熊市时，员工持股计划的参与人有可能在失去工作的同时，还失去了自己大部分的养老金。上市公司采用员工持股计划，意味着参加持股计划的员工承担了更高的风险，却没有因此换来相称的高收益。

二是在员工持股计划交易雇主公司股票过程中的利益冲突。这里的交易，既包括买进，也包括卖出。ERISA 本来禁止项下的退休计划和雇主公司交易，目的是避免利益冲突，以及因此导致的参加计划员工利益受损。但是，ERISA 免除了员工持股计划对此项禁止交易条款的限制，条件是交易过程中，不得收取佣金，而且需支付适当的对价（adequate consideration）。[①] 对于如何确定“适当对价”的问题，对私人封闭公司而

---

① ERISA 408（e）.

言，其股票不存在一个公开交易的市场，员工持股计划存在购买雇主公司股票时，如何作价的问题。第三方评估公司一般由雇主公司聘请，在确定交易价格时，评估公司往往倾向于雇主公司利益，与参加计划的员工之间存在利益冲突；对上市公司股票而言，“适当对价”就是在公开的证券交易市场的股票交易价格。因此，员工持股计划交易雇主公司股票时，以当时的市场价格为合理交易价格。但是，在员工持股计划交易雇主公司股票的时机选择方面，仍有存在利益冲突的可能。也就是说，存在员工持股计划管理人和公司内部人之间相互利益输送的可能性，可能会损害参加持股计划的员工的利益。

三是在员工持股计划所持股票表决权的行使问题上的利益冲突。这类的利益冲突一般会涉及现任公司高管对上市公司的控制权和管理层的“掘濠自保”(entrenchment)的问题。在涉及投票权的事项上，公司内部人和参加计划的员工的利益并不会一直保持一致。比如对待敌意收购态度，有些内部人反对，但有些员工因为希望得到收购带来的股票溢价，可能会投票赞同把持股计划持有的股票卖给收购人。美国上市公司员工持股计划的投票权分为已分配股票的投票权和未分配股票的投票权，对于已经分配到员工个人账户的股票的投票权，员工有权像其他股东一样行使投票权；对于未分配股票的投票权，按照美国劳工部的意见，应该由受信人按照“排他性唯一权益规则”来自行判断并行使投票权。[1]受信人由计划文件确定，往往就是雇主公

① 美国法院对此问题的态度不统一，有争议。

司高管，例如安然公司员工持股计划的受信人就是公司高管，或者是公司高管选定的外部人担任，这些被选定的受信人经常受控于雇主公司高管，在雇主公司重大问题的投票表决中，倾向于支持现任管理层。比如，上市公司的员工持股计划就经常被用于反对外部公司的敌意收购。对雇主公司的现任高管持友好态度的受信人会投票支持现任董事和高级经理人连任，协助公司高管实现稳固自己位置（entrenchment）的目的，反过来，公司高管继续雇佣现任计划受信人管理员工持股计划并支付慷慨的管理报酬。

2014 年中国证监会发布的《试点指导意见》所规范的中国上市公司员工持股计划，在其设计构架中，参加计划的员工和公司内部人之间同样存在以上利益冲突。

在持股计划的建立阶段，上市公司股东会有权决定是否建立员工持股计划，公司员工对计划建立与否同样没有决定权。但是，公司的董事会对是否建立和如何建立持股计划有很大程度的控制权，表现在董事会拥有对员工持股计划草案的唯一提案权[①]和股东大会召集权，而且中国上市公司中的董事经常是由大股东提名，对大股东投票权有一定程度的影响。此外，虽然中国上市公司持股计划不享受税收优惠，计划资金来源于参加员工的工资和奖金，而且只能在二级市场上购买计划所持股份，但毕竟为公司股票增加了可靠的交易资金，有利于稳定和提振公司股价，雇主公司高管因此可以享受的利益和美国的员工持股计划没有本质区别。换言之，通过员工持股计划，雇

① 《关于上市公司实施员工持股计划试点的指导意见》第（九）款。

主公司和公司内部人利用参加员工的自有资金为自己利益服务，同时，让参加员工承担了过度投资的风险。

在持股计划的交易雇主公司股票的阶段，同样存在严重的利益冲突。上市公司高管对选择哪家资产管理机构拥有实质上的控制权。被选定的计划资产管理机构在决策时必然会或多或少受到公司高管的影响。在股票购买阶段，采取二级市场购买方式实施员工持股计划的，员工持股计划管理机构应当在股东大会审议通过员工持股计划后 6 个月内，根据员工持股计划的安排，完成标的股票的购买。[①] 其间，购买股票的具体时间、数量、价格、方式等由资产管理机构实施。上市公司高管完全可以要求资产管理公司在特定的情况下，通过在二级市场上购买计划持有的股票，来稳定或提高上市公司的股价，同时不考虑股票的真实价值。此外，在经过持股禁售期之后，[②] 资产管理机构应该是有权在二级市场上买卖计划持有的上市公司股票的。这根本不同于美国的上市公司员工持股计划，后者的股票一般在员工在职期间持有，且不允许卖掉。从暂行办法的字面来理解，资产管理机构有短线炒作或长线持有上市公司股票的自主决定权。因此，中国的员工持股计划比美国的员工持股计划存在更加严重的利益冲突和利益输送问题。换言之，资产管理机构有可能会出于上市公司高管的个人私利，买卖计划持有的上市公司股票，比如在上市公司高管卖出自有股票时高位接盘，或者在相反情况下，低价抛售等。如果任由这些情况发生，无疑会损害参加计划的员工的利益。

① 《关于上市公司实施员工持股计划试点的指导意见》第（十三）款。

② 《关于上市公司实施员工持股计划试点的指导意见》第（六）款。

在员工持股计划所持股票表决权的行使问题上的利益冲突。中国上市公司员工持股计划的股票表决权由员工持股计划持有人会议选举的代表或相应机构行使，也可以授权资产管理机构代为行使。[①]许多员工持股计划建立的初衷就是以财务性投资为目的，根本就没有参与公司治理的意图。不管是哪种情况，参加持股计划的员工个人都没有投票权。这实际上剥夺了参加计划的员工个人通过投票权参与公司管理的权利。如果由选举出的代表或相应机构行使投票权，按照中国上市公司的现状，选举出的代表多半会是参加计划的公司高管，这些公司高管不可能反对本来就是由他们自己做出的决议案，因此不可能起到监督公司运行的作用；在发生敌意收购的情况下，这些高管代表也不可能投票支持收购，哪怕收购对参加计划的员工经济上更有利。如果将投票权授予资产管理机构，按照规定的资产管理机构的选任方式，资产管理机构不能完全摆脱雇主上市公司高管的影响，在如何平衡员工参加员工持股计划的最大利益和上市公司管理层的利益问题上，必然会存在严重冲突。

解决员工持股计划各阶段存在的利益冲突的制度设计的着力点，在于给予参加员工持股计划的员工相应的决策权。第一，在员工持股计划的建立阶段，美国公司董事会有建立员工持股计划的决策权；中国上市公司股东会有建立员工持股计划的决策权。员工作为最大的利益相关方，反而没有决策权，仅有建议权和是否参加员工持股计划的选择权。美国公司采用员工持股

① 《关于上市公司实施员工持股计划试点的指导意见》第（七）款。

计划一般以终止或削减其他员工福利计划为代价，即使是不参加员工持股计划的员工，其自身利益也会受到影响。因此，有美国学者认为，应当赋予员工就公司是否采纳员工持股计划进行投票的权利（Ezra S. Field，1997）。但是，这个方案在实践中并非十全十美，因为很多员工并不充分理解员工持股计划的风险，因而未必作出正确的选择。

在雇主公司股票的交易阶段，美国上市公司员工持股计划购买雇主公司股票一般采用股票交易市场中的交易价格，在股票购买之后，由于员工在雇佣期间不能卖出雇主公司股票，因此，美国上市公司员工持股计划在购买雇主公司股票阶段，不存在对计划持有的雇主公司股票交易的问题，因此，这个阶段的利益冲突要小得多。中国上市公司持股计划则不同，其制度设计允许资产管理公司在 36 个月的禁售期之后，在二级市场上买卖计划所持的雇主公司股票，这就有可能发生资产管理公司利用计划资金为雇主公司高管的利益服务的情况，例如为公司高管抛售持有的雇主公司股票“抬轿”；或者是为了满足公司管理层在行使股票期权、或满足其薪酬待遇条件中公司股票业绩方面的要求，用员工持股计划的资金购买雇主公司股票。资产管理公司倾向于公司高管的原因是双方之间存在利益交换，前者的聘用取决于后者的决定。如果赋予参加计划的员工选择员工持股计划资产管理机构的权利，就有助于打破资产管理机构和雇主公司高管之间利益交换的局面，让资产管理公司全心全意为参加计划的员工利益服务。

在行使计划所持公司股票投票权问题上，美国上市公司员工持股计划关于未分配股票的投票权归属问题，至今没有定论，有美国学者建议由美国国会立法将未分配股票的投票权按照比例原则划归员工行使，即按照已分配股票的投票意见，来决定其尚未分配的股票的投票权意见（Brett McDonnell, 2000）。中国上市公司员工持股计划所持雇主公司股票的投票权，按照《试点指导意见》的设计方案，归属员工持股计划持股人会议选出的代表或相应机构行使，也可授权给资产管理机构行使。这种方案完全剥夺了参加计划员工的投票权，同时放任了利益冲突的发生。笔者认为有两种解决方案可供选择：第一种方案是通过立法将投票权授予参加持股计划的员工，按照其实际持有的员工持股计划的份额行使，由资产管理机构按照参加计划员工的实际投票意见代表员工作出投票意见。如此，既让员工真正拥有当家作主的权利，也符合“谁投资，谁就有决定权”的现代公司治理规则，同时还消除了投票权问题上的利益冲突，可谓一举两得；第二种方案是由参加计划的员工按照实际持有的员工持股计划份额，在参加员工内部先行就股东大会决议进行预投票，由资产管理机构按照多数票的意见，代表员工持股计划在股东大会上投票。这种方式的好处是既发扬了民主，又可集中投票，让员工持股计划所持股票的投票权对股东大会投票结果产生影响。

上市公司员工持股计划的制度设计，需要考虑持股计划参加人和发起计划的公司以及公司内部人之间会产生的一系列利益冲突。在上市公司员工持股计划建立、交易雇主公司股票和行使表决权环节，上市公司高管和参加计划的员工之间存在着利益冲突，在这些利益冲突中，计划参加人和受益人是弱者，其利益容易受到雇主公司和公司内部人的伤害。解决和减少冲突的办法就是赋予员工更多的决定权。在是否建立员工持股计划问题上应当赋予员工决策权；在聘请管理计划资产的资产管理机构问题上，员工应当有最后的决策权；在行使持股计划所持上市公司股票投票权问题上，应当以员工的投票意见为准。这样，才能防止上市公司高管把员工持股计划作为“掘濠自保”的工具。

第二节　上市公司员工持股计划中的内幕交易

一、内幕交易的一般原理

内幕交易（insider trading），又称内部人交易，是指证券市场上的有关人员以其特殊的身份、地位，以及基于合同职业关系或通过非法途径，获悉尚未公开并足以对证券市场行情产生重大影响的内幕信息，进而直接或间接利用该信息进行证券交易活动，以期获利或免损的行为。另有学者把内幕交易定义为“通过不平等途径获取信息的交易者之间的交易”，并且认为内幕信息内含有财产权，因此具有价值（弗兰克·伊斯特布鲁克/丹尼尔·费希尔，1991）。内幕信息具有秘密性、重要性和重大影响性三大特征，一般都是尚未公开的、仍处于保密阶段的信息，所涉内容一般与生产经营策略、财务方针的重大变化有关，一旦公开，这种信息将对证券价格的走向造成较大的影响。

内幕交易源于证券欺诈，历史可以追溯到证券交易历史的伊始。关于证券交易中存在的内幕信息是有利还是有害的问题，曾引起过激烈的讨论，一部分学者认为内幕交易并非一无是处，至少在给予上市公司高管待遇并刺激公司创新方面有效率（George W. Dent，2013），并且可以使市场交易更加活跃（井涛，2001）。大部分学者认为，内幕交易具有危害性，应当严格禁止并且要严厉制裁，其理由可以归结为以下几点：第一，内幕信息交易是一种盗窃行为，利用非法盗取的信息，会减少信息创造的动力，从而间接降低资本市场的效率；第二，内幕交易可能会产生道德风险，会诱使公司经理人通过传播关于公司的错误消息渔利。第三，允许内幕交易，股东和经理人可以从内幕交易中攫取利益，会降低公司经理人的冒险意识，不利于公司业务的发展。第四，公司信息应当服务于公司目的，而不是用于个人渔利，允许内幕交易会导致不公平，破坏了市场的公平性，打击了公众对证券市场的信心，对证券市场的发展害大于利（弗兰克·伊斯特布鲁克/丹尼尔·费希尔，1991）。

二、美国上市公司员工持股计划中的内幕交易

世界上最早的规制内幕交易的证券法律是美国1933年《证券法》第17条。美国规制内幕交易的主要法律则是《美国1934年证券交易法》第10（b）节和第16节。其中，条款10b-5是反欺诈条款，适用于每一个在买卖证券过程中涉嫌违规、欺诈和虚报的人；第16节要求内幕人员向所属公司汇报短线交易公司股票所获得的利润。实践中，内幕信息的获取人在证券交易中要遵守“公开否则戒绝”的原则。“公开否则戒绝”交易原则规范

两种人的行为：内部人员（如董事会成员）和接受信息者。公开信息的义务不仅仅指公司内部人员对公司股东所负的信义义务，通过任何渠道获悉内幕信息的人都对其他的有关股票投资者负有信义义务。所有的交易者都对证券市场负有要么公开未公开内幕信息，要么戒绝交易的义务。即要求内幕消息持有人或者公开其所掌握的内幕消息，或者不得利用内幕消息（包括告知他人）进行交易。

美国上市公司员工持股计划的内幕交易问题不严重。原因在于美国的员工持股计划禁止参加计划的员工在职期间卖出公司股票，员工要在55岁并且参加计划满10年时，才有权能把其在持股计划名下的账户内资产的25%分散投资，在60岁时，分散投资的比例可以提高到50%。因此，员工持股计划的管理人在管理持股计划的大部分时间内，不存在对持股计划所持雇主公司股票经常买卖的问题，也就不存在相应的内幕交易问题。只有在少数情况下，比如在公司董事会决定建立员工持股计划，但是该信息还没有公开之前，可能存在内幕交易主体非正常地买进雇主公司股票的问题。

美国上市公司员工持股计划有关内幕交易的特殊问题。一部分美国上市公司的员工持股计划的管理人由上市公司的高管兼任。由于这些上市公司高管经常接触上市公司的内幕信息，在获悉公司财务和经营状况不好，可能导致公司股价大幅下跌的内部信息的情况下，这些兼任公司高管的计划管理人，如何平衡履行证券法律项下的内部人的“公开否则戒绝”的规则责任，和ERISA项下的受信人对计划参加人负有的“唯一权益规则”和“谨慎规则”。在安然公司事件中，安然公司员工持股计划的管理受信人同时又是安然公司的高管，在得知安然公司作假账、财务恶化的内幕消息后，是应该遵守证券市场“公开或者戒绝”的规则行事，还是遵从“唯一权益规则”和“谨慎规则”，把持股计划所持的安然公司股票尽快抛售。通过 Hull v. Policy Systems 一案，美国法院认为 ERISA 项下的受信人的义务不应包括违反证券法规的义务，即 ERISA 项下受信人不应因掌握内幕信息而被迫交易导致违反证券法规的规定。但是，在安然公司案中（Enron case），美国劳工部则认为，员工持股计划受信人应该同时满足证券法和 ERISA 项下的义务。劳工部认为，同时担任持股计划受信人的安然公司的高管，在掌握内幕信息时，应当做到，向公众和员工持股计划的参加员工披露安然公司财务状况恶化的事实；在安然公司财务问题发生时，减持计划持股的安然公司股票；向美国证券监督机构和美国劳工部报告潜在的虚假信息披露。相比法院的要求，美国劳工部的要求对处于类似情况下的受信人更严格。

三、中国上市公司员工持股计划中的内幕交易

中国证券法将内幕交易定义为，证券交易内幕信息的知情人和非法获取内幕信息的人利用内幕信息从事证券交易活动。[①]《证券法》第 74 条对“内幕信息知情人”作了列举式规定，包括：发行人、发行人大股东（持股 5%

---

① 《证券法》第 73 条。

以上）、发行人实际控制人、发行人控股的公司的董事、监事、高级管理人员；由于所任公司职务可以获取公司有关内幕信息的人员；证券监督管理机构工作人员以及由于法定职责对证券的发行、交易进行管理的其他人员；保荐人、承销的证券公司、证券交易所、证券登记结算机构、证券服务机构的有关人员；以及国务院证券监督管理机构规定的其他人。《证券法》第 75 条将“内幕信息”界定为：证券交易活动中涉及公司的经营、财务或者对该公司证券的市场价格有重大影响的尚未公开的信息，该条款同时列举了内幕信息的种类。与美国证券法对内幕信息知晓人做到“公开否则戒绝”的要求类似，中国证券法要求“内幕信息知情人和非法获取内幕信息的人”在内幕信息公开前，既不得买卖该证券，不得建议他人买卖该证券，也不得泄露内幕信息。[①] 内幕交易是证券市场的顽疾，在实践中具有很强的隐蔽性，举证和认定内幕交易都面临很大困难。近年来，大数据技术的发展，为发现和认定内幕交易提供了可靠的技术支持。中国证监会处理内幕交易问题的态度和做法也日趋严厉。

根据发生的时间阶段不同，有关中国上市公司员工持股计划的内幕交易大致可以分为两大类：第一类发生在员工持股计划决议的通过阶段。中国上市公司员工持股计划所持的股票来自二级市场，上市公司关于建立员工持股计划决议的通过意味着专门投资于雇主公司股票的购股资金的增加和股价的提升，决议在公开之前本身就是内幕信息，存在发生内幕交易的可能性。第

① 《证券法》第 76 条。

二类发生在持股计划对雇主公司股票的自由买卖阶段。采取二级市场购买方式实施员工持股计划的，员工持股计划管理机构应当在股东大会审议通过员工持股计划后6个月内，根据员工持股计划的安排，完成标的股票的购买。此外，中国上市公司员工持股计划允许持股计划的资产管理机构在持股期之后，买卖计划所持的雇主公司股票。员工持股计划份额的持有人是上市公司包括高管在内的雇员，持股计划买卖上市公司股票的盈亏直接关系上市公司员工的切身利益，因此，上市公司的内部人有向持股计划资产管理机构非法透漏内幕信息，让员工持股计划获利的动机。

上述第二类内幕交易应该是防范有关员工持股计划的内幕交易的重点。上市公司内幕信息知情人故意向员工持股计划管理人泄露内幕消息，建议其买卖上市公司股票或者使其利用该信息买卖上市公司股票的情况，属于典型的内幕交易。但是，现实生活中的有些情况却无法作出明确界定，比如上市公司董秘在接受运作上市公司员工持股计划的管理公司的正常调研过程中，不经意透露公司合并等消息，持股计划管理人利用该消息使得持股计划盈利。在持股计划管理人一方，当然属于内幕交易；但是，就不经意透漏内幕消息的董秘，是否应被认定为承担法律责任，确实值得商榷，需要有关的立法或司法解释予以澄清。如何管理员工所持股份？如果公司自己管理员工持股计划，难以避免员工个人由于对公司生产经营等信息了解程度较高引起的内幕交易隐患，如何严格规范和加强监管，避免产生上市公司其他股东与员工持股计划持有人之间潜在的利益冲突，还需要进一步研究明确。如果委托第三方资产管理机构，如何有效地监管第三方资产管理机构，如何保护好员工作为股东和投资者的权利，确保第三方资产管理机构客观、独立，都需要进一步明确相关法律法规加以保障；而且员工持股若委托第三方资产管理机构管理，由此增加的管理费成本也需要核算和具体考量。

四、法律规制与预防机制

（一）规制内幕交易的立法模式

有学者将各国规制内幕交易的立法模式分为三种：第一种是将有关内幕交易的立法主要集中规定于证券法中。此种立法模式以美国为典型。除《1934 年证券交易法》之外，还有两个重要的有关内幕交易的成文法，分别是 1984 年的《内幕交易制裁法》和 1988 年的《内幕交易与证券欺诈执行法》。第二种是在公司法中规定有关内幕交易的立法，以加拿大和荷兰的立法为典型。第三种是将内幕交易的有关立法主要规定在刑法之中，以英国的相关立法为典型（井涛，2007）。我国目前的规制内幕交易的立法基本属于第一种，主要是在证券法中专门规定了内幕交易的基本条件；此外，通过《刑法》的有关条文，将内幕交易入罪，处以罚金、拘役或有期徒刑。

（二）上市公司员工持股计划的内幕交易的预防机制

规制内幕交易的预防法律机制主要有以下五类。第一，立法要求内部人员和持股达一定比例表决权的股东，申报其持股数量及其变动情况，目的是让社会公众知道其交易情况关于对有关员工持股计划的内幕交易的防范措施，从而达到防止内幕交易的效果，立法上以美国《证券交易法》第 16

节为典型，各国对于负有报告义务的大股东要求不一，中国证券法将需要报告的持股比例定为5%，中国上市公司员工持股计划最多可以持有上市公司10%的股票，因此，达到了报告的持股要求。第二，禁止内部人交易本公司的股票。即立法限制内幕人员在一定时间内交易本公司股票，以英国的立法为典型。员工持股计划不属于内部人，因此，不适用此种规制方式。第三，依法完整、准确、及时地进行信息披露。“阳光是最好的消毒剂”。信息披露的出发点是增强员工持股计划买卖上市公司股票的透明度，为其他投资者提供及时、准确、完整的信息，为社会公众和监管者监督员工持股计划，避免内幕交易提供了重要手段。第四，加强员工持股计划管理者的操守责任。在员工持股计划管理公司内部建立必要的信息隔离制度，控制部门之间的信息交流，设立“限制人员清单”，防止非公开消息的非法传播。第五，在上市公司内部加强内幕信息的管理，加强对员工的有关内幕交易的教育和培训，建立完善的信息披露程序，防止内幕信息泄露。第六，严刑峻法，严厉打击内部交易，加强对内幕交易的查处和惩治，威慑潜在的内幕交易者。

(三)《试点指导意见》中关于内幕交易禁止的规定及其完善建议

2014年中国证监会发布的《试点指导意见》有如下规定：第一，明文禁止上市公司员工持股计划中的内幕交易。① 任何人不得利用员工持股计划进行内幕交易、操纵证券市场等证券欺诈行为。第二，规定上市公司员工持

① 《关于上市公司实施员工持股计划试点的指导意见》第（一）款。

股计划的管理人可以由公司外部的有资产管理资质的资产管理机构担任，①资产管理机构包括信托公司、保险资产管理公司、证券公司、基金管理公司、其他符合条件的资产管理机构。上市公司代员工委托合格的第三方资产管理机构管理员工持股计划，尽可能地排除了公司内部人（通常是内幕交易信息的知情人）担任持股计划管理人的可能性，减少了内幕交易发生的机会。第三，上市公司公布、实施员工持股计划时，必须严格遵守市场交易规则，遵守中国证监会关于信息敏感期不得买卖股票的规定，严厉禁止利用任何内幕信息进行交易。第四，规定了上市公司员工持股计划的信息披露要求，要求上市公司对员工持股计划的有关信息，按照真实、准确、完整、及时的原则实施披露。具体来说就是股东大会审议通过员工持股计划后 2 个交易日内，上市公司应当披露员工持股计划的主要条款。采取二级市场购买方式实施员工持股计划的，员工持股计划管理机构应当在股东大会审议通过员工持股计划后 6 个月内，根据员工持股计划的安排，完成标的股票的购买。上市公司应当每月公告一次购买股票的时间、数量、价格、方式等具体情况。上市公司实施员工持股计划的，在完成标的股票的购买或将标的股票过户至员工持股计划名下的 2 个交易日内，以临时公告形式披露获得标的股票的时间、数量等情况。员工因参加员工持股计划，其股份权益发生变动，依据法律应当履行相应义务的，应当依据法律履行；员工持股计划持有公司股票达到公司已发行股份总数的 5% 时，应当依据法律规定履行相应义务。上

① 《关于上市公司实施员工持股计划试点的指导意见》第（二）、（五）款。

市公司至少应当在定期报告中披露报告期内下列员工持股计划实施情况：报告期内持股员工的范围、人数；实施员工持股计划的资金来源；报告期内员工持股计划持有的股票总额及占上市公司股本总额的比例；因员工持股计划持有人处分权利引起的计划股份权益变动情况；资产管理机构的变更情况；其他应当予以披露的事项。① 还规定证券交易所在其业务规则中明确员工持股计划的信息披露要求。② 第五，中国证监会对上市公司实施员工持股计划进行监管，对利用员工持股计划进行虚假陈述、操纵证券市场、内幕交易等违法行为的，证监会将依法予以处罚。

《试点指导意见》中关于防范内幕交易的措施存在进一步完善的必要：第一，关于持股计划的管理机构，应该明确何为“其他符合条件的资产管理机构”。之前列举的信托公司、保险资产管理公司、证券公司、基金管理公司都需要事先的行政审批，并且证监会有权对该四类公司的内控机制进行规范。其他机构是否包括适用准则主义成立的普通私营公司，相对于列举出的四大类管理机构，普通私营公司在管理上市公司员工持股计划时，更容易发生内幕交易。什么是“其他符合条件”，这点需要进一步明确。第二，需明确规定员工持股计划资产管理机构应当建立有效的防范内幕交易的内控制度，并以此作为成为员工持股计划资产管理机构的必要条件之一。具体制度

① 《关于上市公司实施员工持股计划试点的指导意见》第（十二）、（十三）、（十四）、（十五）款。

② 上海证券交易所和深圳证券交易所均发布了有关员工持股计划的信息披露要求。例如《上海证券交易所上市公司员工持股计划信息披露工作指引》、《中小企业板信息披露业务备忘录第7号：员工持股计划》、《中小企业板信息披露业务备忘录第34号：员工持股计划》、《创业板信息披露业务备忘录第20号：员工持股计划》等。

的建立可以参考中国证监会公布的《基金管理公司开展投资、研究活动防控内幕交易指导意见》(2012 年 11 月 15 日公布)，包括明确基金公司董事会、经理层、督察长、监察稽核部门和从事投资、研究活动的部门及相关人员在防控内幕交易机制建立、实施方面的职责，基金公司内部内幕交易的报告、知情人登记和保密制度，基金公司内部的内幕信息隔离制度（Chinese wall for insider information)，并且要定期评判、调整、完善。

除特别适用于员工持股计划的内幕交易防范措施之外，现有法律适用于所有内幕交易情况的防范和惩罚措施，同样适用于员工持股计划的内幕交易行为，主要包括员工持股计划在下列期间不得买卖公司股票:（1）公司定期报告公告前三十日内，因特殊原因推迟公告日期的，自原公告日前三十日起算，至公告前一日；（2）公司业绩预告、业绩快报公告前十日内；（3）自可能对本公司股票及其衍生品交易价格产生重大影响的重大事项发生之日或在决策过程中，至依法披露后两个交易日内。（4）中国证监会及上海证券交易所规定的其他期间；（5）其他依法律法规不得买卖公司股票的情形。资产管理人在买卖公司股票时应及时咨询公司董事会秘书是否处于股票买卖敏感期。此外，利害关系人对内幕交易人员的民事诉讼（侵权之诉）、行政处罚[①]和刑事责任，[②]以及学者建议的“内幕交易举报人制度”等，并非为专门防范员工持股计划内幕交易的制度设计，所以不是本文讨论的重点。

① 《证券法》第 202 条、第 231 条。

② 参见《刑法》第 180 条和最高人民法院发布、2012 年 6 月 1 日正式施行的《关于办理内幕交易、泄露内幕信息刑事案件具体应用法律若干问题的解释》。

第三节 上市公司员工持股计划中的利益输送

一、上市公司员工持股计划利益输送的可能性分析

除内幕交易之外，上市公司员工持股计划还需要着意防范利益输送。目前，我国法律对上市公司的利益输送没有明确的界定，理论界对利益输送的认识也不尽相同，而且大多是从经济、金融领域对其进行研究的。一般的共识认为，第一种情况的利益输送，通常指上市公司与公司股票的庄家配合或与其他上市公司配合，利用内幕消息或经营手段达到上市公司的股价波动，或经营业绩变化，从而使得庄家或其他公司盈利；第二种情况的利益输送主要是指控股股东或大股东利用其拥有的绝对股权或控股地位，采取一些不合法的手段，转移上市公司资产或利润，甚至掏空上市公司的行为。涉及上市公司员工持股计划的利益输送主要是第一种情况。上市公司员工持股计划的利益输送是双向的，既包括员工持股计划对上市公司大股东或高管的利益输送，又包括上市公司高管对员工持股计划的利益输送。

上市公司员工持股计划存在利益输送的可能性。第一，员工持股计划有可能危及二级市场投资者的利益。上市公司选择在市场低迷业绩滑坡时以较低的价格向员工以非公开发行股份的方式实施员工持股计划；向员工低价定向增发、非公开发行，难以避免通过向特定的“员工”发放股票的方式进行资产转移，其结果最终还是由二级市场的投资者来埋单。第二，《试点指导

意见》规定，我国上市公司员工持股计划被允许买卖上市公司股票（员工持股计划成立之后六个月买入期，以及员工持股计划持股禁售期满可以依法买卖股票），在股票二级市场上对上市公司股票进行短线交易是员工持股计划获取收益的主要方式；在一定意义上，员工持股计划就是炒作上市公司股票的“庄家”。第三，上市公司员工持股计划的参加人是上市公司员工，主观上，上市公司有希望员工持股计划盈利的愿望；客观上，上市公司内部的内幕消息知情人和公司决策人同时可能还是员工持股计划的参加人，具备向员工持股计划管理人泄露内部消息，或者配合员工持股计划买入卖出股票而发布消息的可能性；第四，上市公司员工持股计划的管理人由上市公司管理层选定，两者之间有着“剪不断，理还乱”的利益联系，员工持股计划管理人有可能会通过操作计划资金买卖股票的方式，影响一定时刻的股价变化，为上市公司管理层的利益“抬轿”。反过来讲，《试点指导意见》虽然对上市公司员工持股计划持股时间设定了期限，但期满后员工持股计划持有的股份可自由流通，上市公司站在“员工利益最大化”的立场输送利益，可能在员工持股将要解禁流通前，推出诸如高送转的利润分配方案，以拉抬股价获取高额转让收益；或者为了员工持股计划得以最终套现，不排除上市公司制造各种利好的可能，向员工持股计划进行利益输送。

二、上市公司员工持股计划利益输送的类型化分析

上市公司员工持股计划可能涉及的利益输送，既包括上市公司与员工持

股计划之间的双向利益输送，又包括员工持股计划管理人向其亲友的单方向的利益输送，后者俗称“老鼠仓”行为。

上市公司员工持股计划与员工持股计划之间的利益输送，既包括上市公司对员工持股计划的利益输送，又包括员工持股计划对上市公司高管的利益输送。上市公司对员工持股计划的利益输送具体表现为，在员工持股计划建立初期的购股阶段，上市公司有意披露对上市公司不利的信息，以打压股价，让持股计划低价购入股份；在持股计划的买卖阶段，配合员工持股计划的买卖，上市公司在特定时机发布利好或利空消息，配合持股计划短期炒作公司股票盈利。员工持股计划对上市公司高管的利益输送包括，利用持股计划资金配合上市公司高管减持个人所持的上市公司股票；利用持股计划资金抬高上市公司股价，配合上市公司高管实现期权计划和奖金。员工持股计划中的“老鼠仓”则是指持股计划的资产管理机构中具体管理经办人在利用持股计划资金拉升股价之前，先用个人（机构负责人，操盘手及其亲属，关系户）的资金在低位建仓，等到利用持股计划资金将股价拉升到高位后，个人仓位率先卖出获利的行为。

三、上市公司员工持股计划利益输送与内幕交易的区别

员工持股计划中的“利益输送”和“老鼠仓”，类似内幕交易，但又不是内幕交易行为，利益输送在不涉及内幕交易的情况下也可能达成，建立“老鼠仓”所需的未公开消息主要是员工持股计划资产管理人买卖上市公司

股票的行为，这种未公开消息，并不属于证券法规定的上市公司内幕消息。但是，这种利益输送，或者是侵害了其他公司股东的利益，或者是侵害了参加持股计划员工的利益。"老鼠仓"的获利则是以侵害参加持股计划员工利益为代价。无论是哪种形式的利益输送，其危害不小于内幕交易行为。员工持股计划中的利益输送比内幕交易行为更具隐蔽性，实践中认定标准更难以确定，其中，员工持股计划对上市公司高管的利益输送危害更大。

四、法律规制

根据员工持股计划中利益输送发生的不同情况，采取不同的规制手段。第一，对于员工持股计划利用内幕消息完成的利益输送，应当适用关于内幕消息预防和禁止的法律规定；第二，对利用非内幕消息的其他非公开消息完成的利益输送。笔者建议禁止员工持股计划购买上市公司高管持有的上市公司股份，这样的禁止性规定涉及的高管人员人数有限，也易于操作。防范"老鼠仓"，与防范内幕交易的措施类似，主要依靠资产管理机构内部的各项内控机制的完善和追究"老鼠仓"涉及人员的法律责任制度的完善。特别需要指出的是，"老鼠仓"行为，在中国已经入罪。2009 年 2 月，《刑法修正案（七）》，新增加了"利用未公开信息交易罪"，为打击"老鼠仓"行为提供了法律利器，目前已经有基金公司的经理被判处此罪，典型的案件是博时基金公司经理马乐案。①

---

① 吴倩：《国内最大基金老鼠仓案生变网友称马乐案处罚过轻》，《广州日报》2014 年 4 月 8 日。

本章小结

上市公司员工持股计划的制度推广，要求制度本身要具备一定的利益机制，使得制度的参与者能够通过参与获取一定的合法利益。《试点指导意见》没有规定员工持股计划的合法利益机制，这可能会导致利益机制的灰色化，不利于员工持股计划的长期健康发展。上市公司员工持股计划中存在潜在的利益冲突，理解和调整这些冲突应当成为立法的出发点之一。

关于员工持股计划涉及的内幕交易。美国上市公司员工持股计划不允许参加员工在职期间出售股票，因此，内幕交易问题不严重。中国上市公司员工持股计划允许资产管理机构在禁售期之后买卖计划持有的上市公司股票，因此，可能会发生内幕交易问题。目前的制度设计从隔离上市公司和计划管理人入手，以信息披露为重点，同时加强内幕信息的管理。但是，具体的措施有待完善，应该成为今后研究的重点。在雇主公司股票的交易阶段，美国上市公司员工持股计划购买雇主公司股票一般采用股票交易市场中的交易价格，在股票购买之后，由于员工在雇佣期间不能卖出雇主公司股票，因此，美国上市公司员工持股计划在交易雇主公司股票阶段的购买之后，不存在对计划持有的雇主公司股票交易的问题，因此，这个阶段的利益冲突要小得多。中国上市公司持股计划则不同，其制度设计允许资产管理公司在36个月的禁售期之后，在二级市场上买卖计划所持的雇主公司股票，这就有可能发生资产管理公司利用计划资金为雇主公司高管的利益服务的情况，例如为公司高管抛售持有的雇主公司股票“抬轿”；或者是为了满足公司管理层在行使股票期权或满足其薪酬待遇条件中公司股票业绩方面的要求，用计划资金购买雇主公司股票。资产管理公司倾向于公司高管的原因是双方之间存在利益交换，前者的聘用取决于后者的决定。如果赋予参加计划的员工选择员工持股计划资产管理机构的权利，则有助于打破资产管理机构和雇主公司高管之间利益交换的局面，让资产管理公司全心全意为参加计划的员工利益服务。

结　论

第一，本文的主要观点。

1. 中国上市公司员工持股计划具有自己的特色。中国上市公司员工持股计划的制度设计不同于美国上市公司员工持股计划，也不同于美国员工股票购买计划，不是美国员工持股计划或公司股票购买计划的简单翻版，中国上市公司员工持股计划具有足以区别于其他制度的特点。从内容上看，中国上市公司员工持股计划性质上属于将募集范围限制在上市公司员工之内，将募集资金投向限制在雇主公司股票之上的资产管理计划。

2. 2014 年证监会颁布的《试点指导意见》中上市公司员工持股计划的制度设计缺乏清晰和足够的利益机制。尤其对于上市公司员工而言，既不能利用贷款购买股票，又不能在使用自有资金购股时享受折扣价优惠，同时又不能享受类似美国员工持股计划的税收优惠。相反，参加员工持股计划要受到诸多限制。在缺乏合法利益机制的情况下，员工持股计划推广就会以潜在的灰色利益机制作为代价，上市公司员工持股计划有可能成为内幕交易和利益输送的重灾区。

3. 在上市公司是否建立员工持股计划这一问题上，应当赋予上市公司员工以决定权。按照《试点指导意见》的设计框架，上市公司股东没有对员工持股计划提供购股折扣，在持股计划购股资金主要来自于员工，且没有涉及公司股东权益的情况下，没有必要要求股东大会通过是否建立持股计划的股东大会决议。相反，员工作为持股计划的主要利益相关方，应当被赋予是否建立持股计划的共同决定权。

4. 在员工持股计划参与上市公司治理问题上，应当建立相应制度，既可以集中持股计划的投票权，又尊重参加计划的员工的意见，尽量避免上市公司内部人控制持股计划为公司管理层牟利。我国的上市公司治理结构目前已经基本成型，员工持股计划完全可以在目前的治理结构框架内参与公司治理，没有必要赋予员工持股计划超出目前治理结构的权利。员工持股计划可以在现有治理机制框架内，通过员工参与制和集中行使持股计划所持上市公司股票的投票权来参与上市公司治理。此外，员工持股计划所持股票的投票权应该集中行使才有可能产生较大影响，但是这种集中不应以漠视或剥夺参加持股计划的员工的意见作为代价，应该在规范性文件中明文规定：在持股计划投票权集中行使之前，应当召开员工持股计划持有人会议，就股东会需要表决的议案，在计划持有人会议上先行表决，以决定持股计划所持股票在上市公司股东大会上的表决意见。

5. 立法上应当明确员工持股计划的“信托”管理模式。在员工持股计划受信人认定问题上，应当尽量扩大持股计划受信人的范围，以加强对持股计划持有人的保护。我国的员工持股计划立法至少应当明确三类计划受信人：在决定资产管理机构问题上有实质决定权的公司高管，持股计划的资产管理机构及机构内部有权管理计划资产的个人，以及代表持股计划在上市公司股东大会上行使投票权的个人或实体。同时，借鉴美国的经验，把对员工持股计划有任意决定权和控制权作为认定计划受信人的实质条件，保证计划参加人在受信人违反受信义务时，有权直接追究受信人的受信责任。

6. 立法上应当加强对上市公司员工持股计划中内幕交易和利益输送的法律规制。加大内幕信息披露的监管和信息披露的间隔时间的密度，监督持股计划资产管理机构的内部信息隔离和内幕信息防范的内控机制，减少内幕交易的可能。此外，还应在立法上加大对内幕交易的法律惩罚力度，建立内幕交易举报人制度等，大力打击内幕交易行为，维护市场交易公平。

第二，本文的主要创新点。

1. 本文在国内文献范围内首次全面对比设计中的中国上市公司员工持股计划和美国员工持股计划、员工股票购买计划的异同，尽可能准确地描绘了中国上市公司员工持股制度所具备的独特特征，为进一步完善该制度提供了坚实的基础。

2. 本文从利益机制的视角对设计中的中国上市公司员工持股计划的制度进行评价，同时借鉴美国员工持股计划和股票购买计划内在的利益机制，为中国上市公司员工持股计划利益机制的构建提出了建议。

3. 本文首次指出了上市公司员工持股计划文件的合同性质，认为该文件属于典型的附合合同文本，在员工参加之前性质上属于对员工的要约。

4. 本文论述了中国员工持股计划受信人的范围和受信人的受信义务，提出参照公司法董事的信义义务的种类、内容和标准，构建出中国上市公司员工持股计划的受信人受信义务的制度框架，以全面保护参加上市公司员工持股计划的员工的合法利益。

5. 本文全面论述了员工持股计划参与上市公司治理的法律机制，提出了员工持股计划可以通过现有的渠道，即员工参与制和集中行使股东权的方式参与上市公司治理，并就此进行了理论和实务性的探讨。本文首次提出了员工持股计划参与上市公司治理的基础是公司股本结构，优势之一是员工持股计划的团体性质，可以做到集中投票权。

6. 本文首次对员工持股计划涉及的利益输送和内幕交易做了类型化探讨并初步提出了防范措施，为进一步探讨有针对性的法律规制打下了基础。

参考文献

1. Aditi Bagchi: “Varieties Of Employee Ownership: Some Unintended Consequences of Corporate Law and Labor Law”, University Of Pennsylvania Journal of Business and Employment Law, Winter 2008.

2. Brenkert, George G. “Freedom, Participation and Corporations: The Issue of Corporate (Economic) Democracy.” Business Ethics Quarterly 2: 251—269.

3. Brett H. McDonnell: “Employment Primacy, Or Economics Meets Civil Republicanism at Work, Stanford Journal of Law”, Business & Finance, Spring 2008.

4. Brett McDonnell: “ESOPs’ Failures: Fiduciary Duties When Managers Of Employee-Owned Companies Vote To Entrench Themselves”, Columbia Business Law Review, 2000.

5. Brown M., MinsonR., O’Connell A., Ramsay I.Employee Participation in Employee Share Ownership Plans: The Law, Company

Objectives and Employee Motives [J]. Australian Journal of Labor Law, 2012, (52).

6. Charles C. Shulman, Part 20. Retirement Plans, Chapter 111. Employee Stock Ownership Plans, West's Federal Administrative Practice Database updated July 2013.

7. Dahl, Robert A. A Preface to Economic Democracy. Berkeley and Los Angeles: University of California Press.

8. Dana M. Muri: "The U.S. Culture Of Employee Ownership And 401 (K) Plans", Elder Law Journal, 2006.

9. David Millon: "Enron and The Dark Side Of Worker Ownership", Seattle Journal For Social Justice, Spring & Summer, 2002.

10. David Millon: "Workers Ownership Through 401 (K) Retirement Plans: Enron's Cautionary Tale, Saint John's Law Review", Fall 2002.

11. David W. Powell, The Public Company ESOP in 2004, Journal of Pension Planning & Compliance.

12. E. Anthony Lauerman, TAKEOVERS—DELAWARE COURT OPENS THE DOOR FOR ESOP'S AS DEFENSIVE MECHAN-ISMS TO UNSOLICITED TAKEOVERS: SHAMROCK HOLDINGS, INC. v. POLAROID CORP., Journal of Corporation Law Fall, 1990.

13. Ezra S. Field, Note, Money for Nothing and Leverage for Free:

The Politics and History of the Leveraged ESOP Tax Subsidy, 97 Colum. L. Rev.740, 783—84 (1997) 3.

14. George W. Dent, Jr., WHY LEGALIZED INSIDER TRADING WOULD BE A DISASTER, Delaware Journal of Corporate Law (2013).

15. Gianna Durso, The Structure and Implementation of ESOPs in Public Companies, The Expending Role of ESOPs in Public Companies, edited by Karen M. Young, Quorum Books (1990).

16. Henry Hansmann: "When Does Worker Ownership Work? ESOPS, Law Firms, Codetermination, and Economic Democracy", Yale Law Journal, June 1990.

17. Ingrid Landau, Richard Mitchell, Ann O'Connell, Ian Ramsay: "Employee Share Ownership In Australia: Theory, Evidence, Current Practice and Regulation", UCLA Pacific Basin Law Journal, Fall 2007.

18. Jay Conison, Employee Benefit Plans (3nd edition), Thomson & West, pp.96—97.

19. Jim Bado, ESOP Participation Requirements: An Obstacle to Building an Ownership Culture? ESOP report by ESOP Association, December, 2012.

20. John R. Boatright, EMPLOYEE GOVERNANCE AND THE OWNERSHIP OF THE FIRM, Business Ethics Quarterly, Volume 14, Issue 1, 2004.

21. Joseph Raphael Blasi & Douglas Lynn Kruse, The New owners, the mass emergence of employee ownership in public companies and what it means to American business (1991).

22. Julian Phillips, worker participation in management decision, international congress reports and proceedings of international society security, volume 1, the bureau of national affairs, Inc. Washington D.C (1984) p.45.

23. Justin Schwartz: "Where Did Mill Go Wrong?: Why The Capital-Managed Firm Rather Than The Labor-Managed Enterprise Is the Predominant Organizational Form in Market Economies", Ohio St. Law Journal, 2012.

24. Lauren E. Berson: "Safeguarding Employee Stock Ownership Plans: insurance as Assurance", Hofstra Labor and Employment Law Journal, Spring 2009.

25. Marvin H. Stroud, Don't Put Your Eggs In One Basket: Reforming 401 (K) Pensions To Address The Educational and Psychological Issues That Drive Good Employees To Make Bad Investment Decisions", McGeorge Law Review, 2010.

26. McCall, John J. "Employee Voice in Corporate Governance: A Defense of Strong Participation Rights." Business Ethics Quarterly 11: 195—213.

27. McMahon, Christopher. Authority and Democracy: A General Theory of Government and Management. Princeton, N.J.: Princeton University Press.

28. Michael E. Murphy, The ESOP at Thirty: A Democratic Perspective, Willamette Law Review, 2005 (Fall).

29. Michael W. Melton, Demythologizing ESOPs, Tax law review, 1990 (spring).

30. Michael W. Melton: "The Alchemy Of Incentive Stock Option—Turning Employee Income Into Gold", 68 Cornell Law Review 1982—1983.

31. Pendleton, Andrew, Employee Ownership, Participation, and Governance: a Study of ESOPs in the UK, Routledge, 2001, pp.107—118.

32. Peter Pitegoff: "Worker Ownership In Enron's Wake—Revisiting A Community Development Tactic", Journal Of Small and Emerging Business Law, Summer 2004.

33. Perun P. Employee Stock Ownership Plans: A Status Report [R]. UI The Retirement Project Brief Series, 2000.

34. Republicanism at Work, Stanford Journal of Law, Business & Finance, Spring 2008.

35. Richard L. Kaplan: "Enron, Pension Policy, and Social Security

Privatization, Arizona Law Review", Spring 2004.

36. Richard S. Braun, Valuation Issue in Public Companies, The Expending Role of ESOPs in Public Companies, edited by Karen M. Young, Quorum Books (1990).

37. Robert W.Hamilton, the laws of corporations, West Publishing Co., 1991, p.10.

38. Ronald P. Givner: "ESOPs and The Federal Securities Laws", "The Business Lawyer"; Vol.31, July 1976.

39. Sean M. Anderson: "Risk Retirement Business: How ESOPS Harm The Workers They Are Supposed to Help, Loyola University Chicago Law Journal", Fall 2009.

40. Steven J. Arsenault, FIDUCIARY DUTIES OF ESOP TRUSTEES UNDER ERISA IN TENDER OFFERS: THE IMPACT OF HER-MAN V. NATIONSBANK TRUST COMPANY AND 28、A PROPOSAL FOR REFORM, University of Pennsylvania Journal of Labor and Employment Law Fall 2000.

41. ZahidIqbal, Glenn N. Pettengill, Shekar Shetty, Insider trading around ESOP announcements: Wealth effect vs. control effect, International Journal of Banking and Finance, Vol. 1, Iss. 2(2003).

42. R.科斯、A.阿尔钦、D.诺斯等著:《财产权利与制度变迁》，上海三联书店、上海人民出版社 1994 年版。

43. 阿道夫·A. 伯利 / 加德纳·C. 米恩斯著:《现代公司与私有财产》, 甘华鸣等译, 商务印书馆 2005 年版。

44. 薄燕娜:《股东出资形式多元化趋势下的劳务出资》,《政法论坛》2005 年第 1 期。

45.〔加〕布莱恩·R. 柴芬斯:《公司法: 理论、结构和运作》, 林华伟等译, 法律出版社 2001 年版。

46. 蔡立东:《公司自治论》, 北京大学出版社 2006 年版。

47. 蔡立东:《论公司治理结构的非法律根源》, 王保树主编:《商事法论集》第 6 卷, 法律出版社 2002 年版。

48. 陈彦晶:《俄罗斯公司制度的独创: 人民企业》,《俄罗斯中亚东欧研究》2012 年第 2 期。

49. 陈郁编:《所有权、控制权与激励》, 三联书店、上海人民出版社 2006 年版。

50. 迟福林主编:《中国收入分配制度改革与职工持股》, 中国经济出版社 2000 年版。

51. 崔建远:《合同法》, 法律出版社 2010 年版。

52.〔美〕大卫·P. 艾勒曼:《民主的公司制》, 李大光译, 新华出版社 1998 年版。

53. 戴敏华编:《股份、分享、证券——国外经济学家论股份制》, 中国财政经济出版社 1988 年版。

54. 董登新:《员工持股计划有待从八方面细化与完善》,《经济参考报》

2012年8月22日。

55. 范建等主编:《中德法律继受与法典编纂》，法律出版社2000年版。

56. 方竹兰:《人力资本所有者拥有企业所有权是趋势》,《经济研究》1997年第6期。

57. 冯果、罗小洋:《职工持股会法律性质刍议》,《法制与社会发展》2001年第2期。

58. 弗兰克·伊斯布鲁克、丹尼尔·费希尔:《公司法的经济结构》，张建伟等译，北京大学出版社2005年版。

59. 盖骁敏:《从员工持股到人力资源持股》,《中国经济问题》2005年第3期。

60. 甘培忠、楼建波主编:《公司治理专论》，北京大学出版社2009年版。

61. 郭站红:《职工参与公司治理法律制度研究》，中国社会科学出版社2009年版。

62. 郝晶:《劳动者民主参与权研究》，哈尔滨工程大学出版社2011年版。

63.〔美〕亨利·汉斯曼:《企业所有权》，于静译，法律出版社2001年版。

64. 洪联英:《员工持股计划：改善公司治理机制的现实选择》,《湖南商学院学报》2004年第2期。

65. 孔锦等:《员工持股计划激励作用的实证研究——基于陕西省非上

市中小企业的历史数据》,《广西大学学报（哲学社会科学版）》2015 年第 3 期。

66. 胡静林:《美国公司认股期权实践及启示》,《经济研究参考》1999 年第 11 期。

67. 黄桂田、张悦:《国有公司员工持股绩效的实证分析》,《经济科学》2009 年第 4 期。

68. 江平、卞宜民:《中国职工持股研究》,《比较法研究》1999 年第 3 期。

69. 江平、邓辉:《职工持股、信托与政府角色》, 载江平、赖源河主编:《两岸公司法研讨》, 中国政法大学出版社 2003 年版。

70. 蒋大兴:《员工持股的理论基础: 价值目标的追问——对员工持股制度的一个初步研究》, 载范健等主编:《中德法律继受与法典编纂》, 法律出版社 2000 年版。

71. 蒋大兴:《中国职工持股立法难点问题研究——一个经验、理论和立法的分析》,《法律科学》2001 年第 2 期。

72. 井涛:《内幕交易规制论》, 北京大学出版社 2007 年版。

73. 剧锦文:《员工持股计划与国有企业的产权改革》,《管理世界》2000 年第 6 期。

74. 卡尔·拉伦茨:《德国民法通论》, 王晓晔等译, 法律出版社 2003 年版。

75. 梁上上:《论股东表决权》, 法律出版社 2005 年版。

76. 梁姝娜:《人力资本产权实现研究——以不完全契约为视角》,中国社会科学出版社 2010 年版。

77. 刘汉民:《企业理论、公司治理与制度分析》,上海三联书店 2007 年版。

78. 刘俊海:《职工参与公司机关制度的比较研究》,王保树主编:《商事法论集》第 3 卷,法律出版社 1999 年版。

79. 刘连煜:《公司监控与公司社会责任》,五南图书出版公司 1995 年版。

80. 卢克建:《论劳动力权是职工参与权的权利来源》,《中国劳动关系学院学报》2012 年第 2 期。

81.〔美〕马丁・L・魏茨曼:《分享经济——用分享制代替公司制》,中国经济出版社 1986 年版。

82. 马连福:《公司内部治理机制研究》,高等教育出版社 2005 年版。

83. 玛丽・奥沙利文:《公司治理百年》,黄一义译,人民邮电出版社 2007 年版。

84. 聂德宗:《职工持股与我国国有企业的股份化》,《政法论坛》1999 年第 2 期。

85. 宁金成:《我国公司董事会治理在实践中的异化及纠正》,载王保树主编:《中国商法年刊(2010)》,法律出版社 2011 年版。

86. 宁向东:《公司治理理论》,中国发展出版社 2006 年版。

87. 宁向东、高文瑾:《内部职工持股:目的与结果》,《管理世界》

2004年第1期。

88. 祁怀锦、王红岩:《中国亏损上市公司股权结构的实证研究》，载中国会计学会第六届理事会第二次会议暨2004年学术年会论文集。

89. 施天涛:《公司法论》，法律出版社2006年版。

90. 谈萧、胡新建:《山西票号身股制和员工持股制的比较研究》，《法治研究》2012年第6期。

91. 托马斯·莱塞尔:《德国资合公司法》，高旭军等译，法律出版社2005年版。

92. 王保树:《职工持股会的法构造与立法选择》，《法商研究》2001年第4期。

93. 王晋斌:《解析内部职工持股计划制度设计》，《经济研究》2001年第7期。

94. 王晋斌、李振仲:《内部职工持股计划与企业绩效》，《经济研究》1998年第5期。

95. 王显勇:《论劳动权——兼评职工持股制度》，《法学论坛》2004年第5期。

96. 王志诚:《论公司员工参与经营机关之法理基础》，载王保树主编:《商事法论集》第3卷，法律出版社1999年版。

97. 王志诚:《台湾职工持股制度之现状与前瞻》，载江平、赖源河主编:《两岸公司法研讨》，中国政法大学出版社2003年版。

98. 魏刚:《经营管理层激励与上市公司经营绩效》，《经济研究》2000

年第 3 期。

99.〔德〕沃尔夫冈 · 多伊普勒:《德国雇员权益的维护》,唐伦亿等译,中国工人出版社 2009 年版。

100. 吴彬、毛晓波:《比较与借鉴:中美员工持股制度透视》,《山东财政学院学报》2006 年第 2 期。

101. 杨欢亮、王来武:《中国员工持股制度研究》,北京大学出版社 2005 年版。

102. 杨慧辉:《股权分置改革后上市公司经理股权激励合约的优化研究》,上海财经大学出版社 2011 年版。

103. 杨亮:《内幕交易论》,北京大学出版社 2001 年版。

104.〔法〕伊夫 · 居荣:《法国商法》,罗结珍、赵海峰译,法律出版社 2004 年版。

105. 尹智雄:《论员工持股对企业管理科学化的实现》,《学术研究》2001 年第 4 期。

106. 张维迎:《产权、激励与公司治理》,经济科学出版社 2005 年版。

107. 张维迎:《所有制、治理结构及委托——代理关系》,《经济研究》1996 年第 9 期。

108. 张小宁:《经营者报酬、员工持股与上市公司绩效分析》,《世界经济》2002 年第 10 期。

109. 赵万一:《论职工(劳动者)在公司治理中的地位和作用》,载甘培忠、楼建波主编:《公司治理专论》,北京大学出版社 2009 年版。

110. 赵旭东:《国际视野下公司法改革》, 中国政法大学出版社 2007 年版。

111. 周其仁:《市场里的企业: 一个人力资本与非人力资本的特别合约》,《经济研究》1996 年第 6 期。

112. 朱慈蕴:《公司法原论》, 清华大学出版社 2011 年版。

113. 朱慈蕴:《职工持股立法应注重人力资本理念的导入》,《法学评论》2001 年第 5 期。

114. 庄一钧:《职工持股制度的优势》,《瞭望新闻周刊》2005 年第 7 期。

115. 邹海峰:《中国职工持股制度研究》, 中国经济出版社 2011 年版。

116. 陈虹:《员工持股计划的会计与税务处理》,《财务与会计》2015 年 12 期。

117. 杨阳、毕芳:《员工持股计划下的财税问题探析》,《财务与会计》2017 年第 3 期。

118. 袁田:《我国上市公司员工持股计划的信托建构》,《证券市场导报》2013 年第 10 期。

119. 沈颖玲:《员工持股计划会计问题初探》,《中国注册会计师》2016 年第 10 期。

120. 官欣荣、刘嘉颖:《国有企业实施员工持股计划的法治思考》,《南方金融》2017 年第 1 期。

附录一：
关于上市公司实施员工持股计划试点的指导意见

中国证券监督管理委员会公告〔2014〕33号

为规范、引导上市公司实施员工持股计划及其相关活动，我会制定了《关于上市公司实施员工持股计划试点的指导意见》，经国务院同意，现予公布，自公布之日起施行。

中国证监会

2014年6月20日

为了贯彻《中共中央关于全面深化改革若干重大问题的决定》中关于“允许混合所有制经济实行企业员工持股，形成资本所有者和劳动者利益共同体”的精神，落实《国务院关于进一步促进资本市场健康发展的若干意见》（国发〔2014〕17号）中关于“允许上市公司按规定通过多种形式开展员工持股计划”的要求，经国务院同意，中国证监会依照《公司法》、《证券法》相关规定，在上市公司中开展员工持股计划实施试点。上市公司实施员工持股计划试点，有利于建立和完善劳动者与所有者的利益共享机制，改善公司治理水平，提高职工的凝聚力和公司竞争力，使社会资金通过资本市场实现优化配置。为稳妥有序开展员工持股计划试点，现提出以下指导意见。

一、员工持股计划基本原则

（一）依法合规原则

上市公司实施员工持股计划，应当严格按照法律、行政法规的规定履行程序，真实、准确、完整、及时地实施信息披露。任何人不得利用员工持股计划进行内幕交易、操纵证券市场等证券欺诈行为。

（二）自愿参与原则

上市公司实施员工持股计划应当遵循公司自主决定，员工自愿参加，上市公司不得以摊派、强行分配等方式强制员工参加本公司的员工持股计划。

（三）风险自担原则

员工持股计划参与人盈亏自负，风险自担，与其他投资者权益平等。

二、员工持股计划的主要内容

（四）员工持股计划是指上市公司根据员工意愿，通过合法方式使员工获得本公司股票并长期持有，股份权益按约定分配给员工的制度安排。员工持股计划的参加对象为公司员工，包括管理层人员。

（五）员工持股计划的资金和股票来源

1. 员工持股计划可以通过以下方式解决所需资金：

（1）员工的合法薪酬；（2）法律、行政法规允许的其他方式。

2. 员工持股计划可以通过以下方式解决股票来源：

（1）上市公司回购本公司股票；（2）二级市场购买；（3）认购非公开

发行股票；（4）股东自愿赠与；（5）法律、行政法规允许的其他方式。

（六）员工持股计划的持股期限和持股计划的规模

1. 每期员工持股计划的持股期限不得低于12个月，以非公开发行方式实施员工持股计划的，持股期限不得低于36个月，自上市公司公告标的股票过户至本期持股计划名下时起算；上市公司应当在员工持股计划届满前6个月公告到期计划持有的股票数量。

2. 上市公司全部有效的员工持股计划所持有的股票总数累计不得超过公司股本总额的10%，单个员工所获股份权益对应的股票总数累计不得超过公司股本总额的1%。员工持股计划持有的股票总数不包括员工在公司首次公开发行股票上市前获得的股份、通过二级市场自行购买的股份及通过股权激励获得的股份。

（七）员工持股计划的管理

1. 参加员工持股计划的员工应当通过员工持股计划持有人会议选出代表或设立相应机构，监督员工持股计划的日常管理，代表员工持股计划持有人行使股东权利或者授权资产管理机构行使股东权利。

2. 上市公司可以自行管理本公司的员工持股计划，也可以将本公司员工持股计划委托给下列具有资产管理资质的机构管理：（1）信托公司；（2）保险资产管理公司；（3）证券公司；（4）基金管理公司；（5）其它符合条件的资产管理机构。

3. 上市公司自行管理本公司员工持股计划的，应当明确持股计划的管理方，制定相应的管理规则，切实维护员工持股计划持有人的合法权益，避免产生上市公司其他股东与员工持股计划持有人之间潜在的利益冲突。

4. 员工享有标的股票的权益；在符合员工持股计划约定的情况下，该权益可由员工自身享有，也可以转让、继承。员工通过持股计划获得的股份权益的占有、使用、收益和处分的权利，可以依据员工持股计划的约定行使；参加员工持股计划的员工离职、退休、死亡以及发生不再适合参加持股计划事由等情况时，其所持股份权益依照员工持股计划约定方式处置。

5. 上市公司委托资产管理机构管理本公司员工持股计划的，应当与资产管理机构签订资产管理协议。资产管理协议应当明确当事人的权利义务，切实维护员工持股计划持有人的合法权益，确保员工持股计划的财产安全。资产管理机构应当根据协议约定管理员工持股计划，同时应当遵守资产管理业务相关规则。

6. 员工持股计划管理机构应当为员工持股计划持有人的最大利益行事，不得与员工持股计划持有人存在利益冲突，不得泄露员工持股计划持有人的个人信息。

7. 员工持股计划管理机构应当以员工持股计划的名义开立证券交易账户。员工持股计划持有的股票、资金为委托财产，员工持股计划管理机构不得将委托财产归入其固有财产。员工持股计划管理机构因依法解散、被依法撤销或者被依法宣告破产等原因进行清算的，委托财产不属于其清算财产。

三、员工持股计划的实施程序及信息披露

（八）上市公司实施员工持股计划前，应当通过职工代表大会等组织充分征求员工意见。

（九）上市公司董事会提出员工持股计划草案并提交股东大会表决，员工持股计划草案至少应包含如下内容：

1. 员工持股计划的参加对象及确定标准、资金、股票来源；2. 员工持股计划的存续期限、管理模式、持有人会议的召集及表决程序；3. 公司融资时员工持股计划的参与方式；4. 员工持股计划的变更、终止，员工发生不适合参加持股计划情况时所持股份权益的处置办法；5. 员工持股计划持有人代表或机构的选任程序；6. 员工持股计划管理机构的选任、管理协议的主要条款、管理费用的计提及支付方式；7. 员工持股计划期满后员工所持有股份的处置办法；8. 其他重要事项。

非金融类国有控股上市公司实施员工持股计划应当符合相关国有资产监督管理机构关于混合所有制企业员工持股的有关要求。

金融类国有控股上市公司实施员工持股计划应当符合财政部关于金融类国有控股上市公司员工持股的规定。

（十）独立董事和监事会应当就员工持股计划是否有利于上市公司的持续发展，是否损害上市公司及全体股东利益，公司是否以摊派、强行分配等方式强制员工参加本公司持股计划发表意见。上市公司应当在董事会审议通过员工持股计划草案后的 2 个交易日内，公告董事会决议、员工持股计划草案摘要、独立董事及监事会意见及与资产管理机构签订的资产管理协议。

（十一）上市公司应当聘请律师事务所对员工持股计划出具法律意见书，并在召开关于审议员工持股计划的股东大会前公告法律意见书。员工持股计划拟选任的资产管理机构为公司股东或股东关联方的，相关主体应当在股东大会表决时回避；员工持股计划涉及相关董事、股东的，相关董事、股东应当回避表决；公司股东大会对员工持股计划作出决议的，应当经出席会议的股东所持表决权的半数以上通过。

（十二）股东大会审议通过员工持股计划后 2 个交易日内，上市公司应当披露员工持股计划的主要条款。

（十三）采取二级市场购买方式实施员工持股计划的，员工持股计划管理机构应当在股东大会审议通过员工持股计划后 6 个月内，根据员工持股计划的安排，完成标的股票的购买。上市公司应当每月公告一次购买股票的时间、数量、价格、方式等具体情况。

上市公司实施员工持股计划的，在完成标的股票的购买或将标的股票过户至员工持股计划名下的 2 个交易日内，以临时公告形式披露获得标的股票的时间、数量等情况。

（十四）员工因参加员工持股计划，其股份权益发生变动，依据法律应当履行相应义务的，应当依据法律履行；员工持股计划持有公司股票达到公司已发行股份总数的 5% 时，应当依据法律规定履行相应义务。

（十五）上市公司至少应当在定期报告中披露报告期内下列员工持股计划实施情况：

1. 报告期内持股员工的范围、人数；2. 实施员工持股计划的资金来源；3. 报告期内员工持股计划持有的股票总额及占上市公司股本总额的比例；4. 因员工持股计划持有人处分权利引起的计划股份权益变动情况；5. 资产管理机构的变更情况；6. 其他应当予以披露的事项。

四、员工持股计划的监管

（十六）除非公开发行方式外，中国证监会对员工持股计划的实施不设行政许可，由上市公司根据自身实际情况决定实施。

（十七）上市公司公布、实施员工持股计划时，必须严格遵守市场交易规则，遵守中国证监会关于信息敏感期不得买卖股票的规定，严厉禁止利用任何内幕信息进行交易。

（十八）中国证监会对上市公司实施员工持股计划进行监管，对利用员工持股计划进行虚假陈述、操纵证券市场、内幕交易等违法行为的，中国证监会将依法予以处罚。

（十九）法律禁止特定行业公司员工持有、买卖股票的，不得以员工持股计划的名义持有、买卖股票。

（二十）证券交易所在其业务规则中明确员工持股计划的信息披露要求；证券登记结算机构在其业务规则中明确员工持股计划登记结算业务的办理要求。

附录二：
关于印发《关于国有控股混合所有制企业开展员工持股试点的意见》的通知

国资发改革〔2016〕133号

各省、自治区、直辖市人民政府、国务院各部委、各直属机构：

经国务院同意，现将《关于国有控股混合所有制企业开展员工持股试点的意见》印发给你们，请结合实际认真贯彻执行。

国务院国有资产监督管理委员会

中华人民共和国财政部

中国证券监督管理委员会

2016年8月2日

为全面贯彻党的十八大和十八届三中、四中、五中全会精神，落实“四个全面”战略布局和创新、协调、绿色、开放、共享的发展理念，根据《中共中央国务院关于深化国有企业改革的指导意见》（中发〔2015〕22号）有关要求，经国务院同意，现就国有控股混合所有制企业开展员工持股试点提出以下意见。

一、试点原则

（一）坚持依法合规，公开透明。依法保护各类股东权益，严格遵守国家有关法律法规和国有企业改制、国有产权管理等有关规定，确保规则公开、程序公开、结果公开，杜绝暗箱操作，严禁利益输送，防止国有资产流失。不得侵害企业内部非持股员工合法权益。

（二）坚持增量引入，利益绑定。主要采取增资扩股、出资新设方式开展员工持股，并保证国有资本处于控股地位。建立健全激励约束长效机制，符合条件的员工自愿入股，入股员工与企业共享改革发展成果，共担市场竞争风险。

（三）坚持以岗定股，动态调整。员工持股要体现爱岗敬业的导向，与岗位和业绩紧密挂钩，支持关键技术岗位、管理岗位和业务岗位人员持股。建立健全股权内部流转和退出机制，避免持股固化僵化。

（四）坚持严控范围，强化监督。严格试点条件，限制试点数量，防止“一哄而起”。严格审批程序，持续跟踪指导，加强评价监督，确保试点工作目标明确、操作规范、过程可控。

二、试点企业条件

（一）主业处于充分竞争行业和领域的商业类企业。

（二）股权结构合理，非公有资本股东所持股份应达到一定比例，公司董事会中有非公有资本股东推荐的董事。

（三）公司治理结构健全，建立市场化的劳动人事分配制度和业绩考核评价体系，形成管理人员能上能下、员工能进能出、收入能增能减的市场化机制。

（四）营业收入和利润 90% 以上来源于所在企业集团外部市场。

优先支持人才资本和技术要素贡献占比较高的转制科研院所、高新技术企业、科技服务型企业（以下统称科技型企业）开展员工持股试点。中央企业二级（含）以上企业以及各省、自治区、直辖市及计划单列市和新疆生产建设兵团所属一级企业原则上暂不开展员工持股试点。违反国有企业职工持股有关规定且未按要求完成整改的企业，不开展员工持股试点。

三、企业员工入股

（一）员工范围。参与持股人员应为在关键岗位工作并对公司经营业绩和持续发展有直接或较大影响的科研人员、经营管理人员和业务骨干，且与本公司签订了劳动合同。

党中央、国务院和地方党委、政府及其部门、机构任命的国有企业领导人员不得持股。外部董事、监事（含职工代表监事）不参与员工持股。如直系亲属多人在同一企业时，只能一人持股。

（二）员工出资。员工入股应主要以货币出资，并按约定及时足额缴纳。按照国家有关法律法规，员工以科技成果出资入股的，应提供所有权属证明并依法评估作价，及时办理财产权转移手续。上市公司回购本公司股票实施员工持股，须执行有关规定。

试点企业、国有股东不得向员工无偿赠与股份，不得向持股员工提供垫资、担保、借贷等财务资助。持股员工不得接受与试点企业有生产经营业务往来的其他企业的借款或融资帮助。

（三）入股价格。在员工入股前，应按照有关规定对试点企业进行财务审计和资产评估。员工入股价格不得低于经核准或备案的每股净资产评估值。国有控股上市公司员工入股价格按证券监管有关规定确定。

（四）持股比例。员工持股比例应结合企业规模、行业特点、企业发展阶段等因素确定。员工持股总量原则上不高于公司总股本的30%，单一员工持股比例原则上不高于公司总股本的1%。企业可采取适当方式预留部分股权，用于新引进人才。国有控股上市公司员工持股比例按证券监管有关规定确定。

（五）股权结构。实施员工持股后，应保证国有股东控股地位，且其持股比例不得低于公司总股本的34%。

（六）持股方式。持股员工可以个人名义直接持股，也可通过公司制企业、合伙制企业、资产管理计划等持股平台持有股权。通过资产管理计划方式持股的，不得使用杠杆融资。持股平台不得从事除持股以外的任何经营活动。

四、企业员工股权管理

（一）股权管理主体。员工所持股权一般应通过持股人会议等形式选出代表或设立相应机构进行管理。该股权代表或机构应制定管理规则，代表持股员工行使股东权利，维护持股员工合法权益。

（二）股权管理方式。公司各方股东应就员工股权的日常管理、动态调整和退出等问题协商一致，并通过公司章程或股东协议等予以明确。

（三）股权流转。实施员工持股，应设定不少于36个月的锁定期。在公司公开发行股份前已持股的员工，不得在公司首次公开发行时转让股份，并应承诺自上市之日起不少于36个月的锁定期。锁定期满后，公司董事、高级管理人员每年可转让股份不得高于所持股份总数的25%。

持股员工因辞职、调离、退休、死亡或被解雇等原因离开本公司的，应在12个月内将所持股份进行内部转让。转让给持股平台、符合条件的员工或非公有资本股东的，转让价格由双方协商确定；转让给国有股东的，转让价格不得高于上一年度经审计的每股净资产值。国有控股上市公司员工转让股份按证券监管有关规定办理。

（四）股权分红。员工持股企业应处理好股东短期收益与公司中长期发展的关系，合理确定利润分配方案和分红率。企业及国有股东不得向持股员工承诺年度分红回报或设置托底回购条款。持股员工与国有股东和其他股东享有同等权益，不得优先于国有股东和其他股东取得分红收益。

（五）破产重整和清算。员工持股企业破产重整和清算时，持股员工、国有股东和其他股东应以出资额为限，按照出资比例共同承担责任。

五、试点工作实施

（一）试点企业数量。选择少量企业开展试点。各省、自治区、直辖市及计划单列市和新疆生产建设兵团可分别选择5—10户企业，国务院国资委可从中央企业所属子企业中选择10户企业，开展首批试点。

（二）试点企业确定。开展员工持股试点的地方国有企业，由省级人民政府国有资产监督管理机构协调有关部门，在审核申报材料的基础上确定。开展试点的中央企业所属子企业，由国有股东单位在审核有关申报材料的基础上，报履行出资人职责的机构确定。

（三）员工持股方案制定。企业开展员工持股试点，应深入分析实施员工持股的必要性和可行性，以适当方式向员工充分提示持股风险，严格按照有关规定制定员工持股方案，并对实施员工持股的风险进行评估，制定应对预案。员工持股方案应对持股员工条件、持股比例、入股价格、出资方式、持股方式、股权分红、股权管理、股权流转及员工岗位变动调整股权等操作细节作出具体规定。

（四）员工持股方案审批及备案。试点企业应通过职工代表大会等形式充分听取本企业职工对员工持股方案的意见，并由董事会提交股东（大）会进行审议。地方试点企业的员工持股方案经股东（大）会审议通过后，报履行出资人职责的机构备案，同时抄报省级人民政府国有资产监督管理机构；中央试点企业的员工持股方案经股东（大）会审议通过后，报履行出资人职责的机构备案。

（五）试点企业信息公开。试点企业应将持股员工范围、持股比例、入股价格、股权流转、中介机构以及审计评估等重要信息在本企业内部充分披露，切实保障员工的知情权和监督权。国有控股上市公司执行证券监管有关信息披露规定。

（六）规范关联交易。国有企业不得以任何形式向本企业集团内的员工持股企业输送利益。国有企业购买本企业集团内员工持股企业的产品和服务，或者向员工持股企业提供设备、场地、技术、劳务、服务等，应采用市场化方式，做到价格公允、交易公平。有关关联交易应由一级企业以适当方式定期公开，并列入企业负责人经济责任审计和财务审计内容。

六、组织领导

实施员工持股试点，事关国有企业改革发展大局，事关广大员工切身利益，各地区、各有关部门要高度重视，加强领导，精心组织，落实责任，确保试点工作规范有序开展。国务院国资委负责中央企业试点工作，同时负责指导地方国有资产监督管理机构做好试点工作，重要问题应及时向国务院国有企业改革领导小组报告。首批试点原则上在2016年启动实施，各有关履行出资人职责的机构要严格审核试点企业申报材料，成熟一户开展一户，2018年年底进行阶段性总结，视情况适时扩大试点。试点企业要按照要求规范操作，严格履行有关决策和审批备案程序，扎实细致开展员工持股试点工作，积极探索员工持股有效模式，切实转换企业经营机制，激发企业活力。各有关履行出资人职责的机构要对试点企业进行定期跟踪检查，及时掌握情况，发现问题，纠正不规范行为。试点过程中出现制度不健全、程序不规范、管理不到位等问题，致使国有资产流失、损害有关股东合法权益或严重侵害企业职工合法权益的，要依法依纪追究相关责任人的责任。

金融、文化等国有企业实施员工持股，中央另有规定的依其规定执行。国有科技型企业的股权和分红激励，按国务院有关规定执行。已按有关规定实施员工持股的企业，继续规范实施。国有参股企业的员工持股不适用本意见。

后　记

本书是在我的博士论文基础上修改、增删而成。光阴似箭，恍惚之间，我离开水木清华园已经三年。回想2011年到2014年的博士学习生活，紧张而充实。在明理楼图书馆的阅读、思考中，在荷塘月色般秀美校园的徜徉中，我完成了人生中一次重要的思想和学识的蜕变。衷心感谢恩师——尊敬的王保树教授，在论文的写作过程中，先生不厌其烦地在选题、开题、写作、修改的各阶段给予我莫大的支持和帮助，不仅是学术上的指导，还有精神上的鼓励。深深感念先生在学业上的谆谆教导和学术上的严格要求，使我受益终身。斯人已逝，谨以此书怀念恩师！

感谢清华大学法学院的朱慈蕴教授、施天涛教授、郑尚元教授、梁上上教授、汤欣教授、王洪亮教授给予我学术上的教诲、帮助和指点，几位老师不吝赐教，提出的中肯意见和建议，对论文的修改、定稿至关重要。

感谢中国政法大学的赵旭东教授和北京大学法学院的蒋大兴教授，在百忙之中抽出时间参加我的毕业答辩会，并对论文给予指点。感谢我的博士同学们，尤其是我的师弟谭金龙博士，他自己当时也处在博士论文的紧张写作和修改阶段，但是仍然抽出时间和精力帮助我处理了论文方面的许多杂务，我们也经常交流写作心得，在彷徨中相互鼓励。

特别要感谢我的妻子，她承担了大部分的繁重家务和照顾孩子的重担，为让我能够安心读书而默默奉献。另外，还要感谢北京化工大学文法学院的各级领导的支持和关怀。

最后感谢所有给予我帮助的人们！

图书在版编目(CIP)数据

上市公司员工持股计划法律机制研究:以中美制度比较为视角/裴亚洲著. —上海:上海人民出版社,2017

ISBN 978-7-208-14815-4

Ⅰ.①上… Ⅱ.①裴… Ⅲ.①上市公司-股份制-法律-对比研究-中国、美国 Ⅳ.①D922.291.914 ②D971.222.9

中国版本图书馆CIP数据核字(2017)第241838号

责任编辑 夏红梅
封面设计 夏 芳

上市公司员工持股计划法律机制研究
——以中美制度比较为视角
裴亚洲 著
世纪出版集团
上海人民出版社出版
(200001 上海福建中路193号 www.ewen.co)
世纪出版集团发行中心发行 常熟市新骅印刷有限公司印刷
开本 890×1240 1/32 印张 7.25 插页 1 字数 154,000
2017年10月第1版 2017年10月第1次印刷
ISBN 978-7-208-14815-4/D·3112
定价 36.00元